二見文庫

隣の若妻たち

素人投稿編集部

目次

第一章　人妻たちがひた隠す裏の顔

第二章　込み上げる欲求が倒錯した行為を

※投稿者の氏名はすべて仮名で表記、また年齢も手記の書かれた当時の年齢を記しています。

第一章

人妻たちがひた隠す裏の顔

メール調教ではものたりなくなった私は見知らぬ男に虐げられる悦びに目覚め

田中佐和子　主婦・二十五歳

私にはいま熱中している趣味があります。

いまごろになって……と思われるかもしれませんが、へそくりでノートパソコンを購入したのです。

そうですね、ちょっとは「寂しい」ということもあったかもしれません。私たち夫婦には子どもができず、結婚して五年が過ぎたころにはもう二人とも子どもは諦めていました。もともと夫も多趣味の人ですし、別に子どもにはこだわらないとも言ってくれました。

でも……そうなると私自身にあまりにも趣味というか、楽しみが少ないということに気づいたんです。私はまだ二十五歳、残り数十年（？）の人生を無趣味で過ごすのは耐えられない、もっと新しい世界に触れてみたい、出会ってみたいと思ったんです。

実際、パソコンを使うようになって、いわゆるメル友も増えました。最初は画面を通しての人とのコミュニケーションになじみませんでしたが、慣れてくれば情報交換をし合って、面白そうなサイトなども覗くようになったのです。

「最近、楽しそうじゃないか。高い買い物をしたかいがあったな」

夫はそんなふうに無邪気に喜んでいます。夫はアウトドア派なので、パソコンにはいっこうに無頓着なのです。そのおかげで夫は私の密かな趣味に気づかずにいます。

実は私、あるサイトに頻繁にアクセスしているんです。

メル友の主婦の方から教えてもらった出会い系サイトで——いえ、正直に言ってしまいますと、「主婦限定調教伝言板（名前は仮名です）」というなんともいかがわしい名前のサイトなのです。私はそこで一つの掲示板を持っていて、そのサイトに来る不特定多数の見知らぬ男性に、さまざまな調教をされているのです。

具体的なやり方はこうです。

そのホームページの中に「佐和子《さわこ》の部屋（もちろん名前は仮名です）」という掲示板があって、私の簡単なプロフィールが載せられています。そこにアクセスした人は、私にどんな恥ずかしいことをさせたいか、と書き込むのです。

私はそれを見て、その調教を実行しました、すごく興奮して気絶しそうになりました……などという返事を書き込むのです。

バカバカしいお遊びだと思われますか？　私も最初はそう思いました。そこを紹介してくれた友だちも、「何も本当に書き込みどおりのことをすることはないよ。でもすごく興奮するよ」と言っていました。そして、まさにそのとおりだったのです。

家事を終えた昼下がり、私は家で一人パソコンを起動します。

「佐和子の部屋」の掲示板を覗いて、そこには私に宛てた新しい調教文が届いているのです。書き込まれる方はみな慣れて（？）いるのか、とても大胆な表現で、とんでもないことを書き込んでいます。たとえばこんなふうです。

「佐和子さん、これを読んだらすぐに下着を脱いでください。下着を脱いだら鏡の前で大きく足を広げて、あなたのいやらしいオマ×コを十分間は見つめつづけなさい……」

「洗濯バサミのバネを弛《ゆる》めて、それで乳首を挟むんだ。その上からブラをして、何喰わぬ顔で夕飯の買い物に行かなければいけないぞ」

「夕飯は大根がいいですね。買ってきた大根は、まず股間に当てて、前後に激しく擦るんですよ。濡れてきたらオマ×コに入れなさい」

私の掲示板を見た、どこのだれとも知らない男性は、こんな恥ずかしいことを書き込んで、私が彼らに言われたとおりにする様を想像しているのでしょう。書き方や表現の癖はみんなバラバラ。明らかに違う複数の人が、顔も見たこともない私のあられもない姿を心に思い描いて、興奮している……。

そう考えると、なんだか私の体は熱くうずくのです。もちろん、その書き込みどおりのことをするわけじゃありません。でも、「もしもこの文面どおりに、洗濯バサミで乳首をつまんだまま買い物に出かけたら……」とか、「もしも下着をはかずに町に出かけているのがだれかに知られたら……」などと想像するだけで、私の心臓は早鐘《はやがね》のように鳴り響いてしまうのです。

そして、すべての書き込みを見た私は、頬が紅潮するのを抑えられぬまま、それらに対する返事を書き込みます。そう、彼らの調教を実際に私がプレイした（ということにして）感想やお礼を書き込むのです。

「洗濯バサミがブラに擦れて、ずっと痛いのを我慢して買い物に行きました。だれかにばれたらどうしようと、つい、かがむように歩いてしまいました……」

「新しい大根はひんやりとして、とても気持ちがいいです。オマ×コにそれをこすりつけていると、それがだんだん佐和子のぬるぬるの液で温まっていきました……」

そして最後には必ずこう付け加えます。

「佐和子を調教してくださってありがとうございます。またご主人様のいやらしいご命令をお待ちしています」

こんな趣味、とうていまともじゃないと、多くの方は考えると思います。

私だって最初は、ほんのお遊びでこの掲示板に登録したんです。でも……見知らぬ男性からの過激な調教文を読んだり、それを自分が実行したらどうなるのか……と妄想するだけで、私の女の部分が敏感に反応してしまうのです。

返事を書き終えてから、一人パソコンの前でオナニーをすることもあります。

それまでオナニーの経験など数えるほどしかなかったのですが、調教文にはオナニーをするようにという文面が多く、また昼間一人でいるのでバレる気づかいがないという心安さも手伝って、オナニーは私の楽しみの一つとなってしまいました。

ところが、人間というのはどこまでも欲深くできているものです。近ごろの私は、調教される自分を想像するだけでは飽き足りなくなってきたようなのです。とはいっても、あの過激な調教を実際に実行するわけにはいきません。乳首を洗濯バサミで挟んだり、下着をつけずに外出するなんて、万が一にもだれかに知られてしまったら……。

とはいえ、妄想でオナニーするだけでは、この体の火照りはとうてい満足させられないようにも思いました。

(文章じゃなく、直接言葉で命令されたい……うんと恥ずかしい姿を見られて、蔑《さげす》まれながら犯されたら、どんなに興奮するかしら……)

そんな卑猥な想像で頭がいっぱいになってしまった私は、その掲示板でメールアドレスを公開することにしました。もちろん、パソコン仲間の忠告に従って、私の身元がばれないようなアドレスです。思ったとおり、私の元には数え切れないほどの猥褻《わいせつ》な調教メールが届くようになったのです。大半は悪戯《いたずら》や下品なだけのものでしたが、その中のいくつかは言葉巧みに私の妄想心を刺激するような内容でした。

そしてついに私は、パソコン上のお遊びの域を越えようと決意したのです。届いたメールの中で、秘密を守ってくれそうな、それでいて好奇心たっぷりに私をなぶってくれそうな人を選んで、返事を書くことにしたのです。

その相手は「ＴＥＲＵ」さんといい（ネット上の呼び名ですが）、私がそれとなく「会いたい」というようなニュアンスを込めた返事を送ると、早速乗り気になってくれたのです。

「秘密は守りますから、ぜひ一度会いましょう。きっと満足させてあげられると思います」

そんな返信メールに後押しされて、私はＴＥＲＵさんと連絡を取って実際に会うことにしました。

事前に私の服装や容姿を知らせておいたおかげで彼はすぐに私を見つけて、声をかけてくれました。ＴＥＲＵさんは、私の思っていた以上にきちんとした身なりの男性で、上品な物腰の方でした。

「佐和子さんってボクの思っていた以上の美人なんで、声かけづらかったです」

もちろんお世辞だとは思いましたが、いままでパソコン上でしか言葉を交わしたことがない男性にそんなことを言われるのは、なんとも不思議な気分でした。

私は言われるままに彼の車に乗り込み、都内から少しはずれたシティホテルに入りました。

（いよいよなのね……まさか、私がこんなことをするなんて）

まぎれもなく私がこれからしようとしているのは、人から後ろ指をさされる浮気以外の何物でもありません。そんな私の緊張を知ってか知らずか、ＴＥＲＵさんは車の中でも絶えず陽気にしゃべりつづけてくれました。

部屋に入り、彼は上着を脱いで椅子の背もたれにかけると、振り返って私をそっと優しく抱きしめました。男性らしい厚い胸板を頬に感じ、私の鼓動が速まります。

「そんなに緊張しないで……そういえば、下着はつけてるんだね」

私のお尻を撫でながら彼は言いました。戸惑う私に彼は微笑み、今度は右手を私の胸に当てて、確認するように手のひらで胸元を撫でるのです。

「わかってますよ。あなた、掲示板に書き込まれた調教、実行したことなんかないでしょ？　いやらしい命令を読んで妄想するだけで、感じちゃう？」

「ご、ごめんなさい……」

謝ることはないですよ、と彼は私を抱いたまま、今度は首筋にキスしてくるのです。

「むしろ大事なのは想像力……そして思いきって一歩を踏み出すための、ほんのちょっとの勇気……それがあれば、きっと新しい自分自身が見えてきますよ」

　囁くような彼の言葉に、私は理性が少しずつ麻痺してくるのを感じました。私は彼に言われるまま、自分で衣服を脱いでいきました。軽い女に見られてはいけないと思って着た地味目のスーツとブラウスを脱いで下着姿を晒《さら》すと、彼の視線が痛いほど肌に突き刺さりました。

「きれいですよ、とっても。……お子さんはいないんですよね、どうりで肌の張りが違う」

　彼は自分からは何もしようとせず、ただ私が自分から裸になっていく様を満足げに眺めていました。初めて会ったばかりの男の前で裸身を晒すという、膝が震えるほどの羞恥《しゅうち》感は、いつしか倒錯的な快感となって私を支配していました。

「せっかくですから、これも体験しましょうか。さあ、拾って」

　そう言って彼は、ポケットから取り出したものを私の足元に落としました。それはなんと洗濯バサミでした。彼が何をさせたがっているのか、それに気づいた私は、顔を真っ赤に染めながらも、そこにしゃがみ込んでそれを拾ったのです。

「さあ、それでその愛らしい乳首を挟みなさい。心配しなくても、ここにはボクとあなたしかいない。あなたが頭の中でずっと妄想していた恥ずかしい命令を、実行するんです、さあ」

私は震える手でそれを拾い上げ、木製の洗濯バサミで左右の乳首を挟みました。バネはあらかじめ緩められているのか、激痛というほどではありませんが、それでもしっかりと食い込むその感触に私は眉をひそめました。

「そうそう、とても美しいですよ、佐和子さん……そんないやらしいあなたには、これもつけてもらいましょうかね」

彼はじゃらりと恐ろしげなものを取りだし、私の首に巻きつけました。鏡を見るように言われて見ると、それはペット用の首輪でした。そこにつながれた鎖の一端を彼が握ると、鏡の中の私は、彼のペットにしか見えません。

それも両方の乳首を洗濯バサミで挟んだ、全裸の変態ペットそのものです。私はあまりに恥ずかしい自分の姿に驚き、目を背けようとしましたが、彼は強引に私の顔を鏡に向けるのです。

「現実から目を背けないで。あれがあなたの本当の姿なんですよ。どこのだれが書き込んだかもしれない、淫らな調教を読むだけで、その浅ましいオマ×コをぐしょぐしょに濡らしてきた、あれがあなたの本質なんですよ、佐和子さん」

「い、いや……言わないで、言わないで……あうっ」

突然、首輪の鎖を引っ張られ、私は息が詰まる苦しみに呻きました。彼が鎖を引っ張り上げ、私の顔を自分の股間に引き寄せたのです。むわっとむせ返る異臭に目を開くと、いつの間にジッパーを引き下げていたのか、彼の股間から引き出された巨大なペニスが私の顔のすぐそばでひくひくと無気味に脈打っていました。

「さあ、いやらしいメス犬ちゃん。犬なら犬らしく、ご主人様に奉仕するんだよ」

頭上から浴びせられるその声はていねいな口調でしたが、完全に私を格下のものとして蔑む、まさに「ご主人様」のものでした。

私は彼の豹変ぶりに戸惑いつつも、自分が哀れなペット同然に扱われているということに、ひどく興奮しました。私は忠実なペットならそうするだろうというように、舌を伸ばして彼のペニスの根元をぺろぺろとしゃぶり、赤黒く不気味にえらの張った先端をぱくりと口に含みました。

彼は一瞬「うっ」と心地よさげな声を洩らしましたが、すかさず鎖をガチャッとひっぱって「しゃぶるだけじゃダメだ、自分で自分のオマ×コをいじくりながらだ」と言うのです。私は彼のものを口にしたまま、こくこくと頷き、右手で自分のそこをクチュクチュといじくりました。

（ああ……私ったら、こんなに濡れてる……）

そこは自分でも驚くほどの愛液で溢れていました。もともと私はあまり濡れない体質だと思いこんでいたのですが、ちょっと指先でいじくっただけで、熱い体液が腿を伝うほどの濡れっぷりでした。

「ボクの思っていた以上の人だ、あなたは。そんなにオマ×コをいじくって、気持ちよさそうにして。ご褒美をあげましょう、ボクの熱いミルクをね……」

「んっ……！　んぶ、ううっ」

彼はいきなり私の頭を両手でつかむと、腰を前後に動かしてきました。無我夢中で彼のペニスをしゃぶっていた私は、突然口や喉を彼の太いもので突つかれ、息が詰まり、むせそうになりました。

あまりの苦しさに彼の足に爪を立て、逃れようとしましたが、彼はますます激しく私の口にペニスを突っ込んで、私の口を悠々と犯すのです。きっとこのまま私の口に射精するつもりなんだわ……そう気づいてはいても、どうすることもできませんでした。

なにしろ私はフェラの経験も少なく、ましてや男性のそれを口で受けたことすらなかったのです。でも、いまの私は見知らぬ男性のおチ×チンをしゃぶるいやらしいメス。飲むしかない……そう思った瞬間、彼が「うおっ！」と短く呻き、私の口に突っ込まれた陰茎の先端から、熱くたぎるようなザーメンが勢いよく私の喉元に向かって噴き出しました。

その熱っぽさ、生臭さ、その量の多さに息が詰まりそうになりましたが、私は必死にそれを飲み下そうとしました。

「んん……んふぅ、んぅう、う……けはっ、けはぅっ」

どうにか大半のザーメンは飲み込めましたが、とりわけ大きな固まりを飲み下したとき、ついに私は咳《せ》き込んでしまいました。鼻の中にまで生臭い液が入り込み、精液混じりの鼻水と涙で濡れる私の顔に、彼は無言でペニスをこすりつけたのです。

「ふふ、なんてみっともない顔してるんだ。そら、もっと汚してあげるよ」

「う……うぅー……」

粘っこいザーメンに濡れた陰茎を、彼は私の顔面になすりつけ、私の顔はベトベトになりました。なんて恥ずかしい、惨《みじ》めな姿なんだろうと、自分のいまの格好を鏡でちらりと見ると、私はますますお股が熱くなるのをおぼえました。

顔中が生臭くなるのも構わず、ベトベトのおチ×チンを舐め回していると、彼はクックッと愉快そうに笑いながら、靴の先を私の股間にぐいっと押し込んできたのです。

「あううっ」

熱く潤《うるお》ったそこに固い靴先を感じて、私は甘い喘ぎ声を洩らしました。女の一番大切な部分を、文字どおり足蹴にされるその屈辱に、私は痺れるような快感を覚えました。思わず自分から腰をくねらせてしまう私をあざ笑うように、彼は私の肩を蹴り、仰向けに転ばせたのです。

「あっ」

「くっくく……いい格好ですよ、メス犬ちゃん。あなたのような恥知らずには、これがお似合いですよ、もっともっと悶《もだ》えなさい！」

「くぁあーっ、くぅ、くぅうんっ」

仰向けに転ばされ、大きく開かされた足のつけ根に靴の先を押し当てると、彼はぐいぐいと爪先を私のそこにねじこむように、何度も何度も踏みにじりました。彼土にまみれた靴の底でクリトリスを擦られると、失神しそうなほど鋭い快感が私の背筋を走り抜けました。生まれて初めて味わう被虐の快感……自分でも気づかなかった肉体の反応に私は恐れおののき、同時にもっと苛《いじ》められたいという欲望を強く感じました。

「そらっ、もっと鳴きなさい！　惨めな、いやらしいメス犬らしく！　そら、そらっ」

「きゃひぃぃいんっ、ひいっ、ひぅうーっ！」

彼は器用に足首を捻《ひね》りながら私の股間を時間をかけてなぶり、同時に首輪に繋がった鎖で私の体をむち打ちました。冷たく固い細身の鎖が私の乳房を打ち、白い肌に幾筋もの跡を残しました。

女としてではなく、下等な獣として、あるいは物同然に扱われる快感。私はあられもなく乱れ、彼の靴で、鎖の鞭で幾度となく絶頂を味わわされました。夫とのセックスではとうてい知ることのなかった、すさまじいばかりの倒錯感に、私はよだれと淫汁をまき散らしながら、エクスタシーの奔流《ほんりゅう》に身を委《ゆだ》ねました。

いい加減、私を責め疲れたのか、あるいは私の乱れっぷりに興奮したのか、彼が再びそそり立てたペニスで私を貫いたころには、もう私は半ば夢うつつでした。ただ巨大な陰茎で膣の奥を掻き回される感覚に、私は「あー、あー」と痴呆のような歓喜の声を上げ、必死に彼にしがみついていたような気がします。

気がついたときには、彼はすっかり身支度を整え、一人落ち着いてルームサービスのコーヒーを飲んでいました。

私はというと、きちんと体を洗い清められ、全裸でベッドに横たわっていました。いざ我に返るとなんとも恥ずかしいもので、私はしどろもどろになりながら服を身につけ、その夜は彼に送ってもらいました。

夫の帰りが遅いことはわかっていたので、バレる気づかいはなかったのですが、私のアソコには確かに幾度となく彼の精を受けた感触が生々しく残っており、私を気づかうような彼の言葉にもどこか上の空で返事をしていました。

「今日は楽しかったですよ。またメールでお誘いしてもいいですか」

という彼の言葉に、私はしっかり頷いていました。そして掲示板でいつも書き込むあの言葉を、思わず口走っていたのです。

「佐和子を……調教してくださってありがとうございます。またご主人様のいやらしいご命令をお待ちしています……」

その最初の浮気を皮切りに、いまではTERUさん以外の男性ともメールで連絡を取り、会うようになってしまいました。もちろん会うだけでなくセックスの関係……いいえ、そんなありきたりの浮気などではありません。

すでに調教掲示板で私の性癖を知っている男性たちは、だれ一人の例外もなく、会ったばかりの私をメス奴隷として扱い、ぐっちょりと濡れる私の股間を荒々しくいたぶっては、あざけり笑うのです。

あるときは全裸の上にコートだけ着せられた格好で、人通りの多い町中を連れ回されたり、ノーパンにミニスカートをはかされて、ガラス張りの階段をこれ見よがしに歩かされたりしました。

少し前の私なら、家の中で妄想するだけで済んでいたはずの羞恥調教プレイも、いつの間にかそれを実行するまでになってしまったのです。それも、パソコン上で知り合っただけの見知らぬ男性の好奇の目に晒されながら。

「こんな上品そうな人が、こんな格好で外を歩くなんてね……本当に恥ずかしい人だよ」

私をていねいに亀甲縛りで縛り上げた「ご主人様」の一人は、繁華街を一周りしてきた私を車に乗せてホテルに向かいながら、からかうようにそう言いました。

私は亀甲縛りの上にぴっちりしたボディコンスーツを着せられ、歩くたびに食い込む縄の感触に震えながら、人混みの中を歩いてくるように「ご主人様」に言われていたのです。

「オマ×コは？　もうとっくにぐしょ濡れかい？」

「は……い。もう、太股までびしょびしょです……」

切なげに股間を押さえる私は、一刻も早く「ご主人様」に犯されたい、そのことしか考えられません。けれどもこのご主人様は、ホテルの駐車場に車を入れたのに、いっこうに降りようとしないのです。

「ね、え……お願い、早く部屋にいかせて……私、もう」

「もう、何なんだ？　そのくさい臭いをぷんぷんさせたオマ×コに、チ×ポを咥え込みたいって？　佐和子は奴隷の分際で、私に命令するっていうのかな？」

ああ、あなただって早く私を無茶苦茶に犯したくてうずうずしてるくせに！

でも、私が口ごたえすることは許されないのです。なぜなら私は、男の人に苛められるのが大好きな、淫乱メス奴隷なんですから。縄の食い込む感触にビリビリ痺れるアソコを必死になだめながら、私は精一杯甘えた目で彼の顔色をうかがいます。

「お願い……します。ご主人様の、ぶっといおチ×チンで、いやらしい佐和子のオマ×コをかわいがって、ください……」

「仕方がないね、佐和子はこらえ性がなくて……じゃあ部屋に着くまでこれを下のお口で咥えているんだ。落としたりしたらダメだよ」

彼の言葉に私は泣き出しそうになるのを堪えて頷き、彼の手から大型のバイブを受け取ります。彼は縄で縛り上げた私をバイブでいたぶるのが大好きなのです。スイッチを入れると、紫色のバイブはブブブ……と不気味に唸《うな》り始めます。その極太のものを私はスーツの裾から差し入れ、すっかり潤っているオマ×コに差し込むのです。

「ああっ……くぅ、う」

「根元まで挿入しないと、途中で落ちてしまうよ。じゃあ部屋までいこうか」

スイッチを最強の目盛りにあわされたバイブレーターを股にくわえ込んだまま、私は彼のエスコートでエレベーターに乗り込みます。

途中、ほかのお客さんが乗り込んできても、私は顔も上げられず、身動きひとつできません。あそこがエッチな汁でびしょびしょなので、股に力を込めていないと、バイブが抜け落ちてしまうからです。

もしもバイブが股間から抜けてしまい、床に落ちてしまったら……さっき乗り込んできた中年男性は、床で不気味に振動するバイブと私とを見比べて、驚愕と軽蔑の視線を投げかけてくるでしょう。いえ、実際に落としたこともあるのです。

そのときはなんと、私を調教していた「ご主人様」は他人の振りをして、ほかの人に混じって私に侮蔑《ぶべつ》の視線を向けたのです。私は着いた階で走るように降りるしかありませんでした。もしもまた、あんな目にあったら……でも、そういうふうに想像しただけで、私のオマ×コからはまた新たなラブジュースが溢れ出てきてしまうのです。

「よく我慢したね、佐和子。ご褒美にキミがまずしてほしいことを、最初にしてあげるよ」

途中、幾度もふらつきながらも、私は服の下に縄化粧、股間に大型バイブという恥ずかしい格好のまま、どうにか部屋までたどり着きました。愛液はすでに足首のほうまで垂れていましたが、幸いにもバイブは抜け落ちませんでした。股間にも縄が食い込んでいることが幸いしたようです。

「さあ、どうしてほしい？　鞭打ちかな、ロウソクかな？　ああ、とりあえず服を脱いで、縄の食い込んだキミのヌードを見せてもらおうか。どうするね？」

「入れて……入れてっ、おねがいっ！」

私は我慢しきれずに彼に抱きついて懇願しました。これ以上焦らされたら、頭がどうかなってしまいそうで、私は奴隷の立場も忘れて哀訴《あいそ》しました。彼はふんと鼻でせせら笑うと、私を床に突き飛ばしました。

「あっ」

まだこんなに狂おしい責めを受けるんだろうか……私が観念したとき、彼はジッパーを下げて、その中から恐ろしいほどにそそり立ったおチ×チンを取りだしたのです。

「しょうがないなあ、佐和子は。本当に淫乱でドスケベで、どうしようもない色情狂なんだからな、キミは」

私は彼のお慈悲がいただけることに心底安堵《あんど》しながら、床の上で四つん這いになり、自らスーツの裾をたくし上げてお尻をむき出しにしました。細縄の食い込んだお尻からは、オマ×コに突き刺さったバイブの鈍い振動音が響いています。

「いつもならケツにぶち込んでやるところだが、今日ボクは気分がいい。その涎を垂れ流すオマ×コにボクのものを捻り込んであげるよ」

彼は私の足の間に手を突っ込んで、勢いよくバイブを抜きました。「ああっ」と私が身悶えるのも構わず、股間に食い込んだ縄をナイフで切断します。こうしないとおチ×チンが擦れて痛いのです。

「さあいくよ、その締まりのない意地汚いオマ×コを滅茶苦茶に犯してやるからな!」

「ああっ……あ、ありがとうござい……ます……佐和子を苛めてくださって、ありがとう、ござい、ます……」

私は奴隷であることの喜びをかみしめながら、「ご主人様」の陰茎がずぶずぶと埋め込まれていく幸せを感じるのです……。

ところで、こんなにも淫らで歪んだ快楽を楽しんでいる私ですが、主人と別れるつもりなのかと聞かれれば「とんでもない」としか答えようがありません。

確かに男と女としての関係は終わってしまった仲かもしれません。でも、特別夫婦仲が悪いわけではないですし、「幸せ」といってもいい家庭を壊すつもりは毛頭ありません。でも、それと同時に「調教奴隷佐和子」というのもまぎれもない私自身の本当の姿でもあるのです。

厳密には私と「ご主人様」たちとの関係は、浮気や不倫でさえもないのかもしれません。だって私はご主人様たちの本当の名前や素性など、詳しいことは何も知らないんですから。

もちろん彼らだって、私に関する個人的なことは知らないはずです。

でもそれでいいの。彼らは私の「ご主人様」で、私は彼らの従順なセックス奴隷にすぎないんだから。そういう関係だからこそ、あんなにも異常で倒錯的なプレイにのめりこんで、この世のものとも思えない快楽に溺れることができるんですから。

もしもどこかのサイトで私の名を見かけることがあったら、そのときはどうぞ遠慮なくエッチな命令を私にしてください。あなたと私にご縁があるのなら、きっとあなたは私の素敵なご主人様になってくださることでしょう。

そのときは、私は身も心もあなたの前に投げ出し、どんな恥ずかしいご命令にも従ってごらんに入れます。私の恥ずかしい姿を見てそそり立つあなたのおチ×チンを、精魂込めてかわいがらせていただきます。

新人から若妻まで、代わるがわる深夜の病室でオレの下半身を貪る淫乱ナースたち——

松本啓次　会社員・二十四歳

この就職難のご時世。オレは運よく二流どころの会社にすべり込むことができた。

就職できたのはいいけれど、まさか入社二年目にして胃潰瘍《いかいよう》で入院する羽目になるとは思わなかったね。自分じゃお気楽にしてたつもりなんだけどなぁ。たぶんアレだ、新人研修からこっち、コンパや飲み会となるとほとんど参加してたから。

要するに暴飲暴食がたたったんだ、なんて理由は言わずに、まあ不意にふってわいた休暇（?）を楽しむことにした。オレは入院なんて初めてだったから、見るもの聞くこと珍しい。それに、てきぱき働く看護師さんはみんなかわいいし、見ているだけで胃の痛みが和らぐようだった。

「松本《まつもと》ぉ、お前入院中に看護師さんに手ぇ出したりすんじゃねーぞ」

見舞いにきてくれた先輩たちは、オレの容態よりも看護師さんばかり見ていた。その気持ちもわからないではないが。すると先輩の言葉を受けたように、担当の看護師がオレの悪事をべらべらとしゃべりはじめた。

「そうなんですよぉ。松本さん、隙があればあたしたちのお尻触ったりするんですよぉ。それってセクハラですよぉ」

「触られる隙を作るからいけないんだよ。入院患者でも男はみんなオーカミなんだから」

告げ口に夢中になっている看護師のヒップをつるっと撫でてやると、彼女はキッとオレを睨《にら》んで病室を出ていってしまった。潮田《しおだ》といって、新人でちょっと童顔のかわいい娘だ。あーあ、怒らせちゃったなあ。

「ほどほどにしとけよ、松本」

先輩たちは呆れながら帰っていった。きっといまのことは課内で噂になるだろう。やれやれ。でも、こんなのはただの暇つぶし、お遊びみたいなもんだ。こっちはわずかな間しかいない患者なんだし、ちょっとした潤《うるお》いがあってもいいじゃないか。

そういえばよくあるじゃん、雑誌なんかで。

「患者の蒸れた肉棒を求めて、深夜病棟に忍んでいく超淫乱ナースの実状！」

なーんてゴシップ雑誌の記事。あんな都合のいいお話、あるはずがないじゃないか。実際の話、オレが入院して三日ほどたつけど、深夜の病院っていうのは一種独特の雰囲気があって、ナースと患者の密会なんてするような感じじゃない。

静かなんだけど人の気配はいっぱいあるし、ときどき救急車で急患が運ばれてくると、一瞬でビシバシに緊迫した空気が流れる。

(病院ってやっぱ、長居するとこじゃねーわ)

迂闊《うかつ》にふらふらしていられないし、食事は時間どおり、退屈の連続。たまには看護師の尻でも撫でてないとやってられないよ。ところが……入院四日目の夜、オレは本当に信じられないような体験をしてしまったんだ。

基本的に宵っ張りのオレは、なかなか寝つけずに深夜まで起きている。消灯してからも、ルームランプをつけて本でも読んでいることが多い。だから、「彼女」

が音も立てずにオレの病室に入ってきたときには、マジで大声を上げてしまうところだった。

「しっ……声、出さないでくださぁい」

「えっ、えっ？　し、潮田さんじゃないスか、なんスか、検査スか？」

オレは動転して間抜けなことを言った。しかし、本当に驚いたのは、彼女がもぞもぞと足のほうからシーツの中に入り込んできたことだった。こんもり盛り上がったそれは、オレの下半身にしがみついてくると、パジャマの上から股間のナニを揉みはじめた。

「あっ、ちょっと、ねえ？　あ、ああっ」

ぱくっ。そんな音が聞こえてきそうな感じで、むき出しにされたオレのナニがぬらりとした生温かいものに包まれた。おいおい、マジかよ。

「あむっ、あうぅん……美味しいですぅ」

シーツの下から、甘ったるい声が聞こえてくる。白い布が上下に動いているのは、彼女がオレのモノをくわえながら、しごいているからだ。オレはとにかく仰天したまま、彼女にフェラチオされつづけた。

その気もないのにチ×ポしゃぶられても、そうそう気持ちよくなるわけがない。

でも、「ずずーっ」と音を立てて吸い上げられると、自然とナニに力が漲《みなぎ》り、じわじわと快感がこみ上げてくる。そういえば入院してからオナニーもなんとなく遠慮してやってない。

「うあっ、だ、だめだ、で、で、でるっ……！」

快感は一気に高まった。オレは情けない声を上げて、シーツの下の彼女の後頭部を押さえた。「んぐっ」と声を洩らす潮田さんの口の中で、オレは爆発してしまった。溜まりにたまった大量の精液は、きっと粘っこかったろう。潮田さんはしばらく固まって、必死にそれを飲み下そうとしているようだった。

「んぐ、んんー……ん、んう……はぁ、あ」

しばらくして、ようやく彼女が一息つく声が聞こえた。さすがに苦しかったのか、肩が上下している。でも、そのうちにまたも、ぺちょぺちょ、と音を立て、少し萎《な》え気味のオレのチ×ポをおしゃぶりしはじめた。茎の中のザーメンまで吸い出そうとするように、ちゅうちゅうと生々しい音がする。

（うはぁ、参ったなぁ。マジでこんなことあるのかよ）

どうやら彼女はリターンマッチまで望んでいるようだ。オレの息子を舐め、しごき、もう一度さっきのような硬直を取り戻そうとしている。オレはというと、スケベな気分よりも驚きが先に立って、咄嗟に判断ができない。

なんとなく彼女が忍んできた入り口のほうに目をやって、心臓が止まりそうになった。

「あっ」

なんとそこにはもう一人の看護師が、細いドアの隙間からじっとこっちを見ているじゃないか！　暗くて表情まではわからないが、室内で同僚が何をしているかは一目瞭然だろう。あまりの衝撃にオレの一物はへなへなとしおれてしまった。

「あれぇ……元気なくなっちゃいましたよぉ」

明らかに不満そうな声を上げて、潮田さんがシーツの中から顔を上げた。口元が粘液で光っているのが実にエロティックだったが、オレはそれどころじゃなかった。

「あ、あの、や、やばいよ、やばいって」

「だいじょーぶですよぉ。深夜の巡回は時間がかかるものですからぁ、ちょっとくらい遅れてもばれませんって」

いや、モロにばれてんだって……という言葉を呑み込んでもう一度扉を見ると、ドアはきちんと閉じられていた。

「いきなり二連発はきつかったですね……今夜はもう帰りますぅ」

つづきはまたです、とにっこり笑顔で微笑み、潮田看護師は風のように病室を出ていった。オレは明日起きるであろう騒動を考えるとげんなりして、そのまま崩れるように寝てしまった。

ところが、だ。

潮田看護師の幼っぽい笑顔は、一点の曇りもなかった。オレのザーメンを飲み干した効果かどうか、顔のつやまでいいほどだ。同僚や師長に叱責《しっせき》された様子は微塵《みじん》もない。それどころか「たくさん食べて、精力つけてね」と耳元でささやく始末だった。

（どういうことだ、これは？）

深夜にナースが忍んできてフェラ攻撃をおっぱじめるのも驚きだが、それを目撃しておいて黙殺する看護師もどうかと思う。とにかく「？」だらけのまま、オレはその夜もなかなか寝つけなかった。

胸にあるのは疑問と期待感。果たして彼女は今夜もオレの元に忍んでくるのか？　やはり今夜はきちんと「アレ」してしまうのだろうか？　股間のナニはすでに逸《はや》り勇み、ぎんぎんにパジャマを突き上げている。これで誰も来なかったらオレは大バカだ。

深夜一時。もちろん消灯時間も過ぎ院内は静寂に満ちている。潮田さんがやってきたのはちょうどいま時分だった……と思ったとき。

かちゃ……微かな音とともに病室のドアが開いた。薄ピンク色の制服に身を包んだ淫乱ナースが、オレの一物を求めて……？

「みっ、三谷《みたに》さん？」

驚きの声を上げるオレの唇に、セクシーな看護師はそっと指を当てた。それは昨日忍んできた潮田さんじゃなかった。潮田さんよりも先輩の人妻看護師で、院長の巡回に付き添っているのを見た記憶がある。ちなみに潮田さんよりもぐっと大人っぽい美人タイプ。

「あらぁ、潮ちゃんに聞いた以上だわ。すごくなってる、ここ」

三谷ナースはやおら手を伸ばし、オレの股間をつるりとまさぐった。鋼鉄並に硬くなった一物に美人看護師の柔らかな手のひらの感触が伝わり、実になんとも心地いい。

「あの子ったら、キミのことひとり占めするつもりだったんだって。でも、今朝岡本《おかもと》にチクられて、今夜は私に譲ることになったのよ」

よくわからないが、ゆうべのフェラ現場を覗いていたのは、その岡本という看護師だったらしい。岡本看護師は潮田さんのお忍びを公にするのではなく、先輩である三谷ナースに告げ口したようだ。

そんなことを考えているうちに、三谷さんはナースキャップをとり、頭の後ろで結い上げた髪をほどいた。長く豊かな髪は、ほんの少しだけ脱色していて、モデルみたいにかっこいい。ナースの制服を手際よく脱ぎ捨てると、ボリューム満点のバストを見せつけるように、オレに近づいてきた。

「ノ、ノーパンノーブラ……おあっ、ニップレスじゃないスか」

「んふ、下着って逆にライン目立っちゃうでしょ？　それに、ノーパンノーブラのほうがドキドキしちゃうしぃ」

彼女は今夜オレの病室に忍んでくることを考えながら、下着もつけない制服一枚の姿で昼間の勤務をこなしていたのだろうか。その場面を想像しただけで、なんだかオレも股間がうずくような気持ちになる。

乳首のニップレスをはがすと、もう彼女は完全な裸体。飢えた雌豹のような眼差しでオレを釘づけにした彼女は、ベッドの上にしなやかな身ごなしで乗り、オレを優しく押し倒した。

「さ、どうしてほしいの、坊や」

長髪がオレの顔をくすぐり、いい匂いが香った。オレは返事のかわりに両手を伸ばし、豊満な肉球をむんずとつかんだ。

「あんっ。そ、そんなに強く……あふぅっ」

いやがるような口調だが、オレはその響きに淫らなものを感じ、さらに力を強めた。スポンジよりも柔らかで、ゆで卵よりもなめらかな感触。指先が食い込むほどに揉みしだくと、オレもだんだん興奮してきた。

「あっ、もっと揉んで、お乳揉んで……ああいい、ステキぃ」

オレに馬乗りになった姿勢で、三谷看護師は右に左に肢体を揺らし、絡みつくような喘ぎ声を洩らした。もちろん声は抑え気味だが、それでも「あっ、あ」と洩れ出る声は抑えきれないらしい。

体勢こそ不利なものの、オレは人妻で美人のナースを篭絡《ろうらく》してやろうと、右手を乳房から股間へと移動させ、陰毛の奥の割れ目を探った。

「んーっ……やぁ、ん、いきなり入れちゃダメよぉ」

いたずら小僧を叱るようなやさしい口調がたまらなかった。オレはその言葉を無視し、ずばりと彼女の秘密の泉に指先をめり込ませた。そこはすでに十分以上に潤っていて、指一本だとスムーズに入る。

「ああ、入っちゃうぅ……あ、ひぅっ、ほ、ほじっちゃダメよぉ」

ダメだということは、是非やってくれということだろう。そう判断し、オレはめり込ませた指先を彼女の膣内でぐりぐり動かした。そこがまるで秘密のスイッチであるかのように、彼女の腰はふるふると妖しく動いた。じっとりあふれ出す淫汁が彼女の太股を伝い、オレのパジャマのズボンに染みを作る。

「あうぅっ、ひっ、い、いいわぁ……やっぱり、若い患者さんとするのが、さ、さいこー……」

三谷看護師は空いたほうの乳房を自分で持ち上げ、興奮のためにプクリとおっ立ったニップルを自分の口でちゅうちゅう吸った。その光景に刺激され、オレは彼女の生乳と肉穴をさらに責め立て、股間を彼女の腰に擦りつけた。

「あらあら、もう我慢の限界かしら？　でも待って。あたしにもあなたのお味見、させてもらうわよ」

彼女は名残惜しそうにオレの手を股間から抜き、そのまま体を回転させた。目の前には何とも大迫力の尻が迫ってきて、ぬらぬらの液にまみれたオマ×コが大アップになる。そしてパジャマがずらされた、と思った次の瞬間、一物が温かな粘膜に包まれる。

　シックスナインになったオレたちは、互いの性器に顔を埋《うず》めた。しばらくは二人とも声も出せない。ときおり「あっ、あふぅ！」という彼女の声が聞こえるが、オレは無我夢中で彼女のオマ×コを舐めまくった。

　部屋が暗いので、色つやや細かな形はわからない。でも、舌で探った感触ではそれほどヤリマンという感じではなかった。突っ込んだ指も適度に締めつけられる。それに溢れてくる愛液の量が半端じゃなかった。指ピストンをしながらクリトリスを吸い上げると、鼻がオマ×コにずっぽり埋もれて、溺れてしまいそうになる。

「あはぁん、クリちゃん、そんなに吸っちゃダメ……きっ、気持ちよすぎるぅうう」

　そらきた、吸っちゃ「ダメ」だな。オレは挿入している指を二本に増やし、クリトリスを舌先でほじり、頬をすぼめて吸引した。

「ひっ！　ひぃぃ、くふぅうーっ」

　このクリ攻撃は相当な効果を見せ、彼女はくわえていたオレのペニスを放して、オレの股間に顔を伏せた。むせ返る牡の臭気が彼女をさらに興奮させているのだろうか。切なく震えるアヌスを見ていると、オレはもう本当に我慢できなくなり、彼女のでかいケツを両手に抱え、がばりと身を起こした。

「きゃん！」

転げ落ちそうになる彼女の腰をつかみ、爆発寸前の一物に近づける。投げ出されたオレの両足の間で弱々しくもがく彼女の尻肉を押し開き、唾液にてかる亀頭をずぼりとねじ込んだ。

「ううう一っ……！」

シーツに顔を突っ伏し、呻く彼女のオマ×コを、オレは容赦なく断ち割った。大洪水の膣は挿入を拒《こば》みはしないが、予想以上の締めつけだった。挿入を深めると、カリ首がめくれ上がるほど痛い。

その痛さを無視し、根元までぶち込んだペニスで、今度はそのたぎる蜜壺をぐるぐると掻き回してやった。彼女は声も上げられず、ただオレの足の間で肩を震わせ、荒々しい肉の交わりにわなないた。

くそお、気持ちよすぎる……昨日、潮田さんのフェラで溜まった貯金は使い果たしたと思っていたのに、オレの陰嚢はせっせと貯蓄に励んでいたようだ。久しぶりに味わう女肉の心地よさに、オレはあっけなく敗北を悟った。

どくんっ……！

「あっ……あつ、ぅい」

生出しなんていいのか、なんて考えはこれっぽっちも起きなかった。

オレは本能の赴《おもむ》くまま、彼女のオマ×コを牡の粘液で満たした。本番寸前で萎えてしまった昨日と違い、今日のオレのせがれは一度の射精などものともせず、彼女の腹の中で勢いよく勃起していた。

「あふ……すごい、すごいよぉ……ああ、まだびんびんだわ」

腰を震わせ、一物の強度を確かめた三谷ナースは、肩越しに振り返っていやらしそうな笑みを浮かべた。彼女はまだエクスタシーに達していなかったのだ。そしてオレのマラ棒は萎える気配もない。することは一つしかない。

「今度はどうするの、坊や……あっ、ああんっ？」

まだ余裕のある看護師の顔が妙に気に障《さわ》って、オレは彼女の骨盤をぐいと持ち上げ、ベッドに膝をつく姿勢になった。もちろん股間はつながったままだ。バックスタイルに移行すると、オレのそそぎ込んだ汁が「じわあ」と肉の隙間からしみだしてくるのがわかった。くいくいと腰を振ると、愛液と精液がぶじゅぶじゅと混じり合う。

「いいわ、きて……ワンちゃんみたいに、後ろから犯してちょうだい……って、あんっ？　ああ、すごいカッコ……！」

　オレは以前アダルトビデオで見た体位を試してみたくなり、四つん這いになった彼女の片足を脇に抱え込んだ。彼女はまるで牡犬がションベンをしようと片足を上げたような格好になる。こうすると足を広げたぶん、チ×ポが根元深くまで挿入することができるのだ、とビデオの男優は言っていた。

　早速ぽんぽんと腰を叩きつけてみると、なるほど普通のバックスタイルよりも奥までほじくり返せそうだった。

「あっ、あひっ、ひぅう……！　やっ、だめっ、おっ、奥っ、おくっ、あたっ、てるっ！」

　ピストンのリズムに合わせ、彼女はとぎれとぎれにペニスが膣深くに入っていることを知らせた。単調なピストンの合間に、ひねりやあおりを混ぜてオマ×コをメッタ刺しにしてやると、さすがに淫乱な人妻看護師も、長髪を振り乱して悶《もだ》えはじめた。

「うぁああ、うあん、あふぅっ！　や……ダメ、こんなの、初めて……ひい、ひいっ！」

一回射精したこともあって、オレのマラ棒はまだ余裕しゃくしゃくだった。四つん這いの姿勢を維持できず、上半身をシーツに埋めて震える彼女の痴態を存分に堪能しながら、オレは彼女の腰が浮き上がるほど激しい突きを浴びせかけた。

「ひ……！　い、く……いっちゃう……よぉおっ！」

片足を抱え込んだオレの体がよろめくほど、彼女の体が激しく痙攣した。凄まじいエクスタシーに襲われながらも、顔をシーツに埋めて声を抑えたのはさすがだった。エクスタシーの痙攣のなかで、彼女の膣はいままでとは違う動きを見せた。

三列くらいに別れた部分がきゅっ。きゅ、きゅ、きゅーっ——と強く締めつけてきたのだ。これにはさすがのオレもたまらなかった。今度は彼女の白い背中にザーメンをまき散らしてやろうと思っていたのに、チ×ポを引っこ抜く暇もなく、オレは再び大量の白濁汁を彼女の膣に放出してしまった。

「はあ、ふぅーん……」

射精の余韻を十分に堪能してから、彼女の足を放してやると、彼女は糸の切れたパペットのようにぐったりと崩れ落ちた。ずるりと抜け出たマラ棒とオマ×コが、粘っこい糸でつながっている。夜目にもはっきりわかる、ぬらぬらのオマ×

コに指を突っ込み、我が戦果を掻き出してやる。

膣壁からごりごり指でこそげ取ったそれを、彼女の白い下腹と陰毛になすりつけていると、その無防備な姿にオレはまたむらむらとしてしまった。我ながら浅ましいとは思ったが、我がせがれを手でしごいてまでボッキさせ、モーローとしている三谷看護師を正常位で押し倒し、第三戦に挑んだ。

エクスタシーの大波から容易に立ち直れない彼女は、ときおり苦しげに呻く以外は、まるで人形のようになすがままで、それがかえってオレには刺激的に思えた。彼女の胸に馬乗りになり、パイズリから後頭部をつかんでのフェラ。だらしなく開かれた唇に粘液をさんざんなすりつけ……今度は思惑どおり、彼女の顔面に射精してやったのだった。


そんな夢のような深夜の出来事は……それからも何度か起こった。

「今度はあたしにもちゃんとですよぉ」

と、あの童顔の潮田さんも、待ちぼうけを食わされた子犬のようにオレを求めてきた。

看護師たちは「この相手なら大丈夫そう」と見極めると、あたかもその患者を共有財産のように扱うのだそうで、彼女たち以外にも何人かの看護師の夜這いをオレは受けた。

ときには最初のあの夜のように夜まわりの看護師とかち合うこともあるようだが、そこは上司には一切他言せず、自分たちの内々で処理してしまうのだそうだ。

「でもぉ、三谷センパイはずるいです。あたしが先に松本さんに唾つけておいたのにぃ、自分がセンパイだからって横取りしちゃうんですからぁ」

少し舌足らずな潮田ナースのオマ×コをくちゅくちゅいじりながら、オレは彼女たちの愚痴《ぐち》にもずいぶんつきあわされた。秘密厳守の結束は堅いものの、やはりそこは女同士、確執や上下関係も結構厳しいようだ。

「ナースって９Ｋとかいわれて大変じゃないですか。彼氏ができてもデートする暇も作れないし……やっぱり手近なところでセックスも調達するのが一番なんですよぉ」

手近なところ……ねえ。

まあ、別にこっちはいい思いができて文句はないんだけどさ。しかし、こっちが入院患者である以上、楽園の終わりっていうのは否応なく訪れるもので、オレの場合も例外ではなかった。

オレの潰瘍は順調に回復し、あの天国のような入院生活から、オレは再び無味乾燥な会社員生活へと復帰した。復帰したいまも、ときどき思う。オレの身に起きたあの淫らな日々は、果たして本当にあったことなんだろうか、と。

あんな体験、人に話しても信じてもらえないだろうし、体験したオレ自身、冷静になって考えると信じられない気分になってくる。これを確かめるには、やっぱりまたあの病院に入院してみるしかないんだろうなあ。

娘の体操服を着させられる恥ずかしさ 剃毛、おもらしプレイ、挙句の果てに……

西村千恵　主婦・二十八歳

私は二十八歳の主婦です。実は最近、ちょっとアブない趣味に走ってるんです。あんまり人様にお聞かせするのも恥ずかしいんですけど……。

そもそものきっかけは、私のちょっとした浮気からでした。

相手は近所のアパートに住む保君《たもつ》という大学生です。ちょっとした顔見知り程度だったのが、何度か立ち話を重ねているうちにそれっぽくなっちゃって、いつの間にか深い関係にまでなってしまいました。

なにしろ主人も娘も昼間は家にいないし、時間はたっぷりあります。おまけに彼も私もエッチ大好き。ヒマを見つけては彼も私の家にやってきて、娘が学校から帰ってくる時間になるまで一緒にいることもありました。

もっとも、いくら浮気の跡があったとしても、いつも帰りの遅い主人には気づかれたことはありません。ちょっとは罪悪感もありますけど、ここ半年ほど手を出してこない主人にも責任があると思っています。

そうやって浮気を重ねて三カ月になろうかというころでした。その日は彼も大学の講義が休講とかで、お昼前にはもう家で会っていました。

だいたい来てもらったら、そのままベッドでエッチというのがお決まりのパターン。ところがその日に限って、彼が何かを見つけたようにリビングから窓の外を眺めてるんです。

「なに？　どうかしたの？」

私はすぐにでもベッドに誘いたかったのに、なぜか彼は窓の外を気にしたまま。そこには洗濯物が干してあるだけで、ほかに何も変わった物はありません。

「あれ、娘さんの？」

そう指差しながら言うので、いったい何のことかと思ったら、洗濯物のなかの体操服のことだったんです。

「そうだけど、それがどうかしたの？」

すると彼、急にニヤッとしてみせました。

「ねぇ、ちょっとあれ着てみてよ」

「えーっ、私が？」

まさか冗談で言ってるんだろうと思いました。ところが冗談どころか、本気で私にそうしてほしいみたいなんです。

どうも彼ったら、ちょっとロリコンっぽいところもあったみたい。まぁ男の人が若い子のブルマーや体操着に喜ぶのはわからないではないですけど……。私みたいな人妻にそんなもの着せたがるなんて、やっぱりちょっと理解できないですよね。

でも一人でその気になった彼は、すぐにでも私に着替えてほしいみたいです。まぁ、そんなに言うんならちょっと着てあげてもいいか……そう思って、ベランダから白い体操着とブルマーを取り込みました。

でも小学四年生の娘のものだけに、私とはかなりサイズが違います。Sサイズでも十分な娘に比べて、結婚してからの私はスリーサイズもかなり変わってきてるんですから。もちろんウエストもですけど、特にオッパイが自分でもビックリするぐらい大きくなって、いまでは自分の手からはみ出すくらい。

なにしろブラジャーもGカップという特注品しか着けられないし、街中でジロジロ見つめられることもしょっちゅうです。娘まで「ママのオッパイ、グレープフルーツみたい」なんて言うんですから。

「ホントにこれ着るの？　私じゃ入らないかもしれないわよ」

「いいから。そんなの着てみないとわからないって」

せかされるまま、ブルマーと体操服に着替えさせられてしまいました。

それだけならいいんですけど、子どもだからブラジャーはいらないだろうとか、子どもがそんなパンツ穿いてるのはおかしいとか言ってくるんです。おかげで体操着の下はノーパン、ノーブラです。

「ヤダ、ちょっとこんなの……」

いざ着替え終わってみると、これが、自分でも赤面してしまうようなみっともない姿なんです。窮屈な体操着の中で、胸もお尻もパンパン。オッパイが胸元をギュウギュウに引き伸ばして、裾がおへそにようやく届くくらい。それにお尻には小さめのブルマーが食い込んでくるし、こんなの私のお尻がどれだけ大きいか見せつけてるようなものです。

でも、そんな私の姿を、彼は嬉しそうに見つめていました。

「ちょっと、そんなに見ないでよ。恥ずかしいんだから」

「隠さなくても平気だって。すごく似合ってる、カワイイよ」

そんなこと言われても、この年になってこんな格好をさせられて……こっちは恥ずかしくてたまらないんですから。

「カワイイはずないじゃない、こんなの……ね、もういいでしょ。窮屈すぎて気持ち悪いから」

「もうちょっと待って。今日はこの格好のままでいいじゃん。ね？」

そう言いながら、彼は私を背中から抱き締めました。そして前に手をまわして、体操服の上からオッパイをギュッとわしづかみにしてきました。

「んんっ……」

ノーブラだから、乳首がはっきり浮き出てるんです。そこを摘《つま》まれたり指先で転がされたりしてるうちに、だんだん感じて尖ってくるのがわかりました。

「ホラ、すごいよ。乳首がこんなに飛び出してる」

「しょうがないじゃない、もう……エッチなんだから」

そうやってオッパイを愛撫されているうちに、ちょっとずつ私までヘンな気分になってきました。彼がまるで本当に子どもを相手してるみたいに、私のことをになるんです。

「千恵《ちえ》ちゃん」なんて呼んでくるものだから、こっちまでその気にさせられそう

「千恵ちゃん、どう？　オッパイ触られてどんな感じ？」

「んふっ、気持ちいい……」

だから私もつい、年下の彼に甘えちゃって……こういうのって、大人になってからは忘れてた気分。なんだか小学生のころに戻って、近所のお兄ちゃんにイタズラされてるみたいです。

私が安心して彼に甘えだすと、彼もだんだんと大胆に迫ってきました。オッパイだけでなくブルマーの上からアソコをさすりながら、

「ここはどうかな？　ほら、まだ子どもだけど、こっちも気持ちいいでしょ？」

なんて、ほとんどロリコンプレイの世界です。私も「ヤダヤダ」なんて言いながら、それっぽく彼の腕の中で体を悶《もだ》えさせていました。

「千恵ちゃんはオッパイ大きいけど、こっちはどうなってるの？　ちょっと見ていい？」

「えーっ、ヤダ……恥ずかしい」

彼の手が、ブルマーの脇をずらそうとしてきました。もう何度も見られたりし

てるのに、その気にさせられてからはなぜか本気で恥ずかしいんですよね。

私がイヤイヤしながら手をはねのけようとしても、彼は強引に指を使って布地をめくり上げてきます。ペロンとずらされた部分から、いっぱい毛の生えたアソコが見えてしまいました。

「千恵ちゃんのアソコ、ずいぶん毛深いんだなぁ。こんなにモジャモジャ広がっちゃって」

彼が大げさに驚きながら、ヘアを指で摘んでいました。

当たり前だけど、彼が言ったとおり毛はモジャモジャだしアソコだって子どもとは色も形も違います。そりゃあ娘ぐらいのころはツルンツルンでアソコもキレイだったけど……。

「ね、どうせならこれ剃っちゃおうよ。ぜんぶ」

「えーっ、剃るの?」

急にそんなこと言われて、さすがにどうしようか迷いました。いくらここ最近は夫婦でエッチすることがないといっても、いつ突然に求められるかもわからないし……もし主人にツルツルのアソコを見つかったら、ビックリされること間違いありません。

「いいじゃん。ね？　剃ろうよ。絶対にバレっこないからさ。きれいに剃っちゃおうよ」

「うん……」

結局、主人に見つかる心配よりも、好奇心のほうが勝ってしまいました。お風呂場まで連れていかれて、そこでヘアを剃ってもらうことになりました。

ブルマーを脱がされ、彼は主人が使っているクリームと剃刀《かみそり》を用意しています。冷たい洗い場にお尻を下ろして、剃りやすいよう足を広げさせられました。

「いい？　じっとしてないと危ないからね。絶対に動いちゃだめだよ」

彼がアソコ一面にクリームを塗りながら言いました。

剃刀が、ヘアが生えている部分を這っていきます。ヘアを剃られるなんて初めての体験だから、何とも言えないゾクゾクするような感触でした。

「あっ、あっ……ううん」

彼ったら、剃刀を使いながらアソコを指でいじってくるんです。それもいちばん敏感なクリちゃんを、コネコネと感じるように触ってくるんです。

「ほら、動いちゃダメだよ」

「やぁん、だってぇ……」

彼の意地悪な指はアソコの中にまで入ってきました。なんだか剃られてるうちに濡れちゃってたみたいで、もうヌルッとしていました。それも奥まで入ってきた指で、中を探るようにかきまわしてくるんです。

「ダメ、そんなにされたら……イッちゃいそう」

気持ちいいやら剃刀の刃が怖いやらで、どうしても動きそうになるお尻を、必死に押さえつけなければいけませんでした。特に剃刀がアソコのすぐ近くを這っているときは、スリルが大きいぶんそれが刺激になって、すごい興奮状態だったんです。

そうやってイタズラをされながらも、なんとか全部のヘアを剃ってもらいました。白い泡の中に、剃り落とされたヘアが糸くずみたいに絡まっています。それを洗い流すと、ツルツルになったアソコが顔を出しました。

「ホラ、見て。おま×こがこんなにツルツルになってる」

「ヤダあ……」

なんだかすごいエッチな眺めになってました。本当に一本の毛も残っていなくて、アソコが完全に丸見えになってるんです。

それを見て、彼はこれで子どもっぽくなったと大喜びしていました。

でも、ずっとアソコを刺激されつづけた私のほうは、とてもそれだけじゃ我慢できなくなってました。それに子どもになりきってたからじゃないと思うけど、なんだかオシッコまで我慢できなくなってきちゃって……恥ずかしながら、そのことを伝えて彼にオシッコをさせてとお願いしました。

するとと彼ったら、何を思ったのか「オシッコしたいの？　ホントに？」とか言いながら、またブルマーを穿かせようとするんです。

「ねぇ、何するの。早くオシッコさせて。洩れちゃう」

「いいからいいから、このままオシッコして。子どもだからオモラシしたっていいんだよ」

やっぱり彼ってちょっと変態です。私にブルマーを穿いたままオモラシさせようとしてるんですから。

「ヤダ、そんなことできない……恥ずかしいよ」

そう言っても、彼はまた後ろから私を抱き締めてブルマーの上からお腹を押したり撫でたりして、離してくれません。

「さぁ、いっぱい出していいからね」

さっきもそうだったけど、こうやって子どもになったつもりでギュッと優しく抱かれると、このまま何もかも委《ゆだ》ねていいような気持ちになっちゃうんですよね。だんだんとお腹が張ってきて、オシッコが我慢できないところまできてるのに、彼の胸に甘えるようにすがりついていていました。

「出していい？　ホントに？」

「いいよ。さ、早く早く」

耳元でそう囁かれると、もうどうなってもいいと覚悟を決めて素直にうなずきました。

ジワーッとブルマーの内側に生温かいものが広がっていきます。彼もすぐに気づいて、太股を持ち上げて赤ちゃんがオシッコするみたいな格好にさせられました。

「あっ、出る……出ちゃう」

次の瞬間、ピューッとブルマーの中からオシッコのしぶきが溢れてしまいました。その間はもう恥ずかしくて恥ずかしくて……それに出し終わっても、ブルマーがビショビショになってててすごく気持ち悪いんです。

「ああ……たまんないよ。千恵ちゃん、いい子だからこれしゃぶってよ」

私のオモラシを見届けた彼は、オシッコを洗い流そうとしないでズボンを脱いでいました。かなり興奮してたのか、もうおち×ちんはピンピンです。

いつもだったらここであたりまえみたいにフェラチオしてあげるんだけど、どうやら今日はあくまで何も知らない子どもを演じてほしいみたいです。だから私も、わざと初めておち×ちんを見たみたいな顔をしてあげました。

「ヤダ、恐い……」

「大丈夫だからね。恐がらなくても平気だから舐めてみて」

彼が押しつけてきたおち×ちんを、ペロッと舌を出して舐めてあげました。こんなウブな芝居でも、男の人って喜んでくれるんですね。初めてのフェラチオを思い出して、ぎこちなく唇を動かしながら舌でペロペロしてあげました。

舐めるたびに、おち×ちんがピクピク反応してくれます。たっぷり舌で舐めまわすと、彼が口の中に先っぽを押し込んできました。

「そうそう、そんな感じで強くしゃぶってみて。ああ……いい気持ちだよ」

そんな声を出しながら、体操服をまくり上げてオッパイをモミモミしてきました。

私も彼の腰にすがりついて、舌と唇で柔らかくしごいてあげます。おち×ちんがゆっくり口の中に出たり入ったりするうちに、だんだん彼の息が荒くなってきました。

「あっ、もうイクよ、いいね？　口の中に出すからぜんぶ飲むんだよ」

「ンッ、ンッ……」

ドクドクと口の中に精液が溢れてきました。私はギュッと唇で締めつけて、射精が終わるまでしっかりくわえていました。

そのままザーメンを飲み込んでしまうと、彼もやっと満足してくれたようです。おち×ちんから口を離したころには、体操服は汗びっしょりでブルマーからはオシッコのにおいがプンプンして、せっかく洗濯したのが台なしという有り様でした。

でも、やっとこのヘンな遊びも終わったんだし、これはこれで洗濯しなおせばいいか……そんなホッとした気持ちでいた私に、また彼は、とんでもないことを言ってきたんです。それも思わず絶句してしまうような、信じられないような内容でした。

なんと彼ったら、今度はこのまま外に出ようって言うんです。

「ちょっと、いくらなんでもこの格好じゃムリよ。できるわけないじゃない」

さすがに今度ばかりは半分呆れながら、強い口調で拒《こば》みました。しかもオモラシしたブルマーを洗わずにそのまま穿いて出ろって言うんですから。

ところが彼はすっかりこのプレイに病みつきになったみたいで、どうしてもこの格好のまま野外プレイをしてみたいって譲らないんです。

そんなの私にしてみれば、彼の前だから娘の体操着まで着てあげただけで、世間様にこんな姿を見せたいわけないじゃないですか。ご近所の人に見つかってしまったら、単なる浮気現場を発見されたどころの騒ぎじゃなくなってきます。

「でも……こんな格好してるの見つかって、ご近所の人に何て言われるか……」

「いいから大丈夫だって。だったら遠くに行けば絶対に知ってる人には見つからないんだし、それまで上に何か着て隠してればいいんだから」

こういうときって、主人を相手にしてる場合と違って、たいてい私が折れることになるんですよね。いまの私にとって、彼とのセックスが何よりの生きがいなんですから。それがもし機嫌を損ねて会ってやらないなんて言われたら……そう考えると、やっぱり最後は私が言うことを聞くしかないんです。

「わかった。じゃあちょっとの間だけだからね。何かあったらすぐに助けてよ」

結局、家を出て車に乗ってる間だけは上に服を着ててもいいということで、体操着のまま隣の街まで出発しました。

まだお昼を過ぎたばかり。住宅街にも人がいっぱい歩いています。いくら体操着を隠してるといっても、ドキドキ感が止まりませんでした。

そして二十キロほど車を走らせたところでたどりついたのが、隣街の大きな市民公園近く。ここはわりと人通りが少ない場所で、それだけはホッとしました。

あるコンビニに近づくと、急に彼が車を止めろと命令しました。

「さ、あのコンビニに行ってなにか買い物してきてよ」

もちろん例の体操着で、ということです。

「ホントにやるの？　誰かまわりにいない？」

「いいから早く行って。でないと人が来ちゃうよ」

こうなったら多少の恥は忘れるしかないと、半分諦めの気持ちで覚悟を決めました。幸い見える範囲には誰も見当たらず、コンビニの店内にも客はいないようです。

おもいきって上に着ていた膝まで隠れる冬物コートを脱ぎ、車の外に出ました。そして足早にコンビニの店内に入っていきました。

「……！」

すぐに若い男の店員さんの驚いた顔が飛び込んできました。それはそうでしょうね。こんな昼間に、どこかのオバサンが体操服とブルマーという姿で店に入ってきたんですから。

買い物してる間、それはもう恥ずかしいなんてものじゃありませんでした。素早くジュースをレジに持っていっても、なかなか店員さんの顔を見ることができません。彼も何も言わずにおつりを渡してくれたけど、このはしたない姿を目に焼きつけて後で笑っていたかもしれません。

そのまま逃げるように車に帰ると、彼はニヤニヤしながら私を迎え入れてくれました。

「よしよし、よくがんばったね。ちゃんとできたじゃん」

「もう早く帰ろうよ……こんなの恥ずかしくて死んじゃう」

でも彼は次に、二人で車から降りて、市民公園の中を散歩しようって言うんです。

私と彼は手をつないで、恋人同士のように並んで公園の路地を歩きました。が、デートなんて楽しい気分はありません。ベンチに座っていた男の人、前から歩いてきた若い女の子……通り過ぎる人すべてが、わたしのこの姿をジロジロ眺めては、また振り返っているんですから。

「ほら、ちょっとは慣れてきたんじゃない？」

私は彼の陰に隠れるように歩きながら、そんなことないと言い返しました。体操服の上から乳首を隠したり、歩くたびに食い込んでくるブルマーを指で直したり、そんな恥ずかしい仕草も道行く人にジロジロと観察されてたんですから。

が、二十分もウロウロしていると、彼の言うとおり少しずつ視線を浴びるのにも慣れてきた感じでした。相変わらず注目は集めてますけど、開き直ったというか、もう見て笑うんなら笑ってればいい、という心境でした。

「よーし、ここならいいかな。じゃあ、こっちにおいで」

人通りがなくなると、今度はいきなり通りの脇の繁みの中に手を引っ張られました。

「いい？　おとなしくしてるんだよ。いい子だからね」

「えっ？　あっ、ちょっと」

彼はいきなり人が変わったみたいに、繁みの中で私を押し倒してきました。そう、まるで少女を連れ込んで乱暴する変質者みたい。そしてブルマーの脇から指を潜り込ませて、アソコの中をいじりはじめました。

「あっ、あっ……」

そこは毛を剃られてから、刺激を求めてウズウズしていたところです。すぐに中が濡れてきて、グチョグチョと音がしてきました。

「ほら、ずっとヤリたくてこんな濡らしてたんだろ?」

「うん……」

そして彼はブルマーの脇をずらすと、そのままアレが中に入ってきました。

「ああっ！　はあ……！」

いきなり激しい動き。ずっとこうしてほしかっただけに、私も野外だということも忘れてよがり声を上げていました。

ひょっとして、体操着姿で歩きまわって恥ずかしい思いをしてきたのが、刺激になっていたのかもしれません。家の中でエッチしているときの、何倍も興奮していました。

これからは普通のエッチじゃ物足りないかも……激しくアレで中をかきまわされながら、そんなことを考えていました。

「よーし、イクぞ。ううっ」

おち×ちんを引き抜いた彼は、たっぷりとザーメンをブルマーにかけていました。昔からずっとそうしてみたかったらしくて、無垢な女の子を無理やり汚したような感じがたまらないんですって。

で、その日から私の洋服の中に、新たなレパートリーが加わりました。いろんなサイズのブルマーと体操服、それにセーラー服まで。みんな彼がリクエストしたものばかりです。会うたびに私は小学生や中学生になりきり、彼にイタズラされる役を演じています。

もちろんいまでも私のアソコはツルツルのまま。私もこのプレイに病みつきです。

第二章

込み上げる欲求が倒錯した行為を

満員電車で美少年と向かい合い、毛皮のコートの下を見せつけて……

鈴木智子　予備校講師・二十四歳

（あの子。あの子に決めたわ）

下校途中の高校生が行き交う駅のホームで、あたしはその日の「獲物」を物色してたの。

友だちらしい子と別れて一人になった男の子に目をつけたあたしは、何気ないフリでその子に近づいて、すぐ横に立ったの。

（うん、近くで見てもいい顔してるわ。あたしの好み……）

ちらっと横目で彼の顔を盗み見る。ジャニーズ系とまではいかないけれど、少し髪を伸ばしてかわいい感じ。そんなに背は高くないけれど、いかにも気弱そうなところ、あたし的には二重丸ね。

そのうちに電車が来て、あたしは彼と車内に。降りる人よりも、乗る人のほうが断然多くて、うっかりすると人波に流されそうになる。ここが肝心なの。いわゆるポイント決めってところかしらね。

「あっ、すみません、ごめんなさい」

なんてかわいい声で誤魔化して、あたしは絶好の位置をキープすることができた。

(ふふっ、いい具合だわ。ほかの人は背中向けてるし……)

あたしと彼は向かい合う格好で、入り口から少し離れた場所に落ち着いたの。あたしの目の前にはブレザーの制服。こうしてみると、結構肩幅があるのがわかった。

ここでまず、あたしは彼の顔を見ます。すぐ真ん前に若い女の人が立ったせいで、少し緊張しているのか、さりげなく顔を背けてる。自分で言うのもなんだけど、あたしは勤めている予備校でも「美人講師」で通ってる。そんな美女がぴったり寄り添ってるんですもの、緊張もするわよね。

でもね……まさか相手がこういうおねーさんだとは、思いもしなかったでしょうね。

「……？」

もぞもぞしだしたあたしの動きに気づいたのか、彼はちらっとあたしのほうを見た。見たとたんに、あはっ、凍りついちゃったの。

でも仕方ないかもね。そのときあたしは毛皮のコートを着ていたんだけど（ま、フェイクファーだけど）、上から三つほどボタンをはずして前をはだけると、そこから生オッパイがぽろっと見えちゃったんだから。

……にこっ。

あたしはここぞとばかりに必殺のスマイル。そしてはだけた胸を彼の胸に押し当ててぎゅーっ。あたしのふくよかなオッパイが、ブレザーの上でくにゅってひしゃげちゃうの。

（やん、ちょっと冷たい）

さすがにちょっとオッパイが冷たい。コートの中はけっこう暖かいんだけど。

あたしはひんやりした彼の制服の感触を楽しむように、ぐりぐり裸の胸を押しつける。はだけているのは胸のところだけだから、まわりからはちょっと見ただけじゃわからない。でも、彼には柔らかなオッパイの感じが伝わってるはずよ。

「？　……？？」

　案の定、彼ってば目を白黒させて、急にあたりをきょろきょろ見まわしちゃって。心配しなくても、別にドッキリでもなんでもないのよ。ただ、キミはちょっとエッチなおねーさんに捕まっちゃっただけ。

　どぎまぎして固まっている彼の顔を見ているだけで、あたしもだんだん興奮してきちゃう。ああっ、乳首が固くしこってくるのがわかるわ。でも、運悪くここで電車が駅に着いちゃったの。あーあ、ここでもしも彼が降りちゃったら、ここでバイバイね。でも、彼はそこで降りずに、ぴったりあたしに寄り添ったまま硬直していたの。

（ふふっ、いい子ね。こうなったらとことん楽しませて、あ・げ・る）

　あたしは彼に軽くウィンクをしてから、彼の右手を取ったの。

　一瞬、ぴくっと震えたけど、そのまま抵抗せずにあたしのオッパイに。もうすっかり固くなっているニップルをつまませると、彼、いきなり指に力を込めたの。

（うんっ……い、痛くて気持ちいいー……）

　彼はもう何のためらいもなく、あたしの乳首をくりくりくりくり……ちょっと激しすぎて、乳首がズキズキするほどだけど、たまにはこういうのもいいかも。

ああ、でも、そっちばかりいじってちゃ、ニップルのサイズが左右で変わっちゃうかも。

もうそのころには、あたしの肌はほんのり熱を帯びたように火照りはじめてた。彼の目元も少し赤くなって、二人ともスケベモードに入っちゃったみたい。彼もあたしも、周囲の人に気づかれないように息を殺しているんだけど、それでも小鼻がひくひく動いて、興奮が抑えられないの。

あたしの乳首を責めながら、彼の視線は自分の胸に押し当てられたオッパイの谷間に釘づけ。まだはだけられていないコートの下がどうなっているのか、きっと気になって仕方ないはず。

膝まであるあたしのコートの下に、どんなエッチなヌードが隠されているのか……もう見たくて見たくてたまらないでしょ？

（……じゃ、少しだけ触らせてあげようかな）

あたしはニップルをつまむ彼の手をそっと取って、今度は下のほうに導いたの。ちょうどお股に当たる部分のボタンを一つだけはずして、そこに彼の手を入れさせてあげた。

「あ」

彼の目が丸くなって、思わず小さな声が洩れちゃった。コートの下が、本当に下着もつけないオールヌードだなんて、さすがにびっくりしたみたいね。もう、バカね、誰かに気づかれたら……でも、幸い電車の音にまぎれて、誰も気づかなかったみたいです。

(大丈夫よ……さあ、もっといろんなところ、触ってちょうだい)

そういう意味を込めて、もう一度微笑んであげた。彼は小さく頷いてみせて、コートに差し込んだ手で、私の体をなでまわしはじめたの。

最初はおずおずとデルタ地帯に指を伸ばして、陰毛の生えた部分をくりくり指先でくすぐるの。女のお毛毛を触るのは初めてなのかな？　そして指先は次第に奥へ、奥へと。太股のつけ根を優しく揉みながら、あたしの一番敏感な部分へと、指先が侵入してくる。

くちゅ……。

そんな音まで聞こえてきそうな感じで、彼の指先がおま×ちょの肉に到達した。明らかに濡れて湿っているいやらしい肉ビラを掻き分けて、彼の指があたしの中にゆっくり入ってきたの。

(ああん、そのためらいがちな動きがたまらないわ。かわいいっ)

初々しく頬を染めて、あたしのおま×ちょに指を忍ばせる彼は、とても一生懸命な顔をしていたわ。きっとセックスの経験どころか、ペッティングもほとんどしたことがないんだわ。ふふっ、あんなに熱心に、あたしのおま×ちょの形を確かめるように、指先を肉ビラに沿って動かして……。

まだ触られていくらもたっていないのに、あたしのそこからはねっとりと粘っこい液がたれてくる。思ったよりも太くてしっかりした彼の指が、震えるような仕草で膣の入り口をこねまわすと、奥のほうからまた熱い汁が溢れてくるの。

(ああ、感じてきちゃったみたい。もう、そこもいいけど、もっと上のほう……クリちゃんのほうも苛《いじ》めてほしいわ)

おま×ちょに慣れていない彼の指は、とにかくひたすら膣のほうばっかり責めて、あたしが一番感じるクリトリスまではいじってくれないの。せっかく気持ちよくなりかけてきたところだったから、余計にじれったくなってきちゃった。

(でもまさか、『クリちゃんいじって』とは言えないわよね、ここで)

仕方ないわね、こっちの楽しみはここまでにすることにしました。

その代わり、今度はあたしの番。コートの中に手を差し込まれて、おま×ちょをいじられる格好のまま、あたしは彼の股間に手を伸ばしたの。

「っ……？」

本日三度目のびっくりってところかしらね。いきなりズボンの前をあたしにつかまれて、彼の指の動きが止まる。だめだめ、これからが本番なんだから。思ったとおり、ギンギンにボッキしているそこをズボンの上からもみ上げると、彼、ひくひくって腰を震わせたの。

（すごい、鉄みたいに硬くなってるわ。さすが高校生ね）

若い男の子のペニスって、どうしてあんなに硬くなるのかしら。きゅっと握った感じはしなやかな弾力のある肉の手触りなのに、その奥に、まるで鉄の芯でも入ってるみたいなたくましさ。

それに、そこだけがとっても熱いの。本当、男の子のペニスって、人間の体の一部とは思えないって、ときどき思っちゃう。この元気いっぱいのヤツをあたしのヌレヌレのおま×ちょにぐいぐいねじ込んでみたいでしょうね。あたしにはキミの考えてることなんて、みんなお見通しなのよ。

彼はあたしのコートに突っ込んだ手を動かすことも忘れて、じっとあたしに股間を揉まれつづけた。おま×ちょに触れただけで、あんなに興奮してたんだもの。こんなふうに女におチ×チンを触られたこともないいんだと思うわ。でも、あたしは何十人もの男の子のおチ×チンを楽しませてもらったから、どこをどうすれば気持ちよくなるのか、すごくよく知ってるのよ。

（たとえば、ここね。ほら）

あたしは、伸ばした指先を彼の股間の奥にしゅっと差し込んだの。びくびく脈打っている陰棒の根元から、お尻の穴に向かってのラインを「きゅ、きゅっ」って指圧するみたいに力を込めるの。ほら、ペニスの奥の前立腺が刺激されちゃうでしょ？

「ぅ……っ」

そうやって指先で根元を責めながら、手のひら、特に親指のつけ根で茎の先端を揉むように擦るの。時に速く、時にゆっくり、あくまでもリズミカルに責め立てて、彼の興奮を徐々に高めていくの。

こうやって男の子を昂《たかぶ》らせるのって、あたし大好き。あたしの手の中で若い男の子のペニスがどんどん熱くなって膨らんで、そして快感の絶頂へと導いてあげるの。いつもいつも女が男に責められると思ったら大間違い。あたしは男の子を責め立てて、快感で支配しちゃうのがたまらなく楽しいんだから。

（そろそろイキそうかしら……？　さ、思い切って射精しちゃえ）

あたしは左右の動きもくわえて手の動きを速め、一気に彼をラストスパートへと導いた。びく、びくっ、びくっ、と手の中で彼の熱棒が痙攣するのがわかりました。そして、熱くてじっとりとしたザーメンの湿り気。

「……」

あたしの手で射精してしまった彼は、赤い頰をいっそう染めて、慌ててコートから右手を引き抜いたの。そうして、持っていた鞄をズボンの前に持ってきて、ザーメンでできた染みを隠そうとするの。

あたしはそんな彼を余裕たっぷりで見返しながら、悠然とコートのボタンを留める。ちょうど電車は次の駅に到着して、あたしは彼を振り返りもせず、さっさと一人で電車を降りちゃいました。

(ああ、今日もなかなか楽しませてもらったわ)


あたしは某有名予備校に勤める講師。

授業は厳しいけれど面倒見のいい美人講師として、生徒の人気はなかなかのもの。そんなあたし、実は若い男の子を見ているだけで興奮してきちゃうタイプなんです。授業中はけっして甘い顔を見せたりしないけれど、受験勉強に励む一生懸命な男の子を見ているだけで、アソコが「じわっ」と濡れてきちゃうほどなの。

若い子に触れたい、おとなしそうでかわいい高校生のおチ×チンをさすりたい……そんなどうしようもない気持ちに駆られると、あたしは電車内で痴女に変身するの。

あたしの「獲物」になるのは、さっきみたいにちょっと弱気そうでかわいいタイプの男の子。相手はまさか女の痴漢がいるなんて思いもしないのか、あたしがすり寄っていくと最初は驚くの。

でも、コートの中の全裸姿をちらっと見せると、いちころよ。あたしもそんな格好で駅に着いたときから興奮してるから、男の子の手で触れられただけで、すぐに濡れてきちゃうんです。

そうね、あたしってエッチが好きっていうよりは、さっきみたいに男の子を自分の手で興奮させるのが快感なんです。あたしの手で射精させられてどうしようかって戸惑っている様子を見るだけで、エクスタシーに達しそうになるくらい。

こんなことが何よりの楽しみだなんて、やっぱりあたし少し変なのかしら？でも、相手の男の子は私のおま×ちょをいじれるんだし、そのうえ、私みたいに綺麗なおねーさんに、おチ×チンをさすられて気持ちよくなるんだから、これって別に誰の迷惑にもならないですよね？　でも、大抵は行きずりの関係だから、男の子が射精しちゃったら、それでおしまい。また一人いい思いをさせてあげたわ……って満足感に浸りながら、帰っちゃう。

でも、なかにはあたしの後を未練がましくついてくる男の子もいるの。

そうね、見るからにおとなしそうでいじめられっ子みたいなタイプに多いみたい。染みになったズボンを鞄で隠すようにして、いつまでもあたしの後をついてくるの。なんだか捨てられた子犬がついてくるみたいで、実はあたしはそういうのにも弱いのよねえ。

そういうときはサッとその子の手を取って、あまり人の通らないような駅の片隅に行くの。そう、少しはずれたところにある自動販売機の陰なんかがベストね。

「もう……しょうがないわね」

あたしはそれでもまんざらでもないって顔で、彼を壁に押しつけるの。真っ赤に染まったその頬に軽くキスをしてから、その場にしゃがみ込んで、股間を隠す鞄をいきなり除けるんです。

「あっ……あ、あの」

「ふふっ……キミ、まだし足りないんでしょ。しょうがないわよね、若いんだから……」

ズボンのジッパーをおろすと、思ったとおりまだ立派にそそり立ってるおチ×チンが待ちきれずに飛び出してくる。さっき出したばかりの精液でぬらぬらしている先端を、あたしはお口に含んであげるの。

「ううっ……お、おねーさん……」

ううーん、口の中に広がる精液の苦い味がたまんない。カリ首のあたりを丁寧に舌先でほじくりながら、両手で茎の根元をしごいてあげると、彼、たちまち切なそうな声を出すんです。でも二回目だから、少しは長持ちするみたい。あたしは首を前後に激しく動かして、じゅぽじゅぽディープスロートで彼のおチ×チンをしゃぶりまわしました。

「あっ、ああー……おねえさんっ、ボク、ま、また……」

ああ、この子の声、とってもかわいいわ。いつまでも聞いていたいような、頼りない声。こんな子のおチ×チンだったら、毎日でもしゃぶってあげたくなっちゃう。やっぱりあたし、責められるよりも責めるほうがいいみたい。

「あっ……で、出ちゃいます……あっ、ああっ？」

二度目とは思えないような粘っこい精液が、あたしの口の中に吐き出されました。若い子独特の、鼻に突き刺さるような強烈な香り。あたしはその味を口の中でたっぷり楽しんでから、ごくりと飲み干しました。

「うふふ、どう？　ようやく満足したかしら？」

「は、はい……ボク、こんなの初めてです。あ、ありがとうございました」

まじめくさって頭を下げる彼の顔を見て、あたし思わず噴き出しちゃった。そんな丁寧にお礼を言われてもねえ……でも、そのときになってあらためて気づいたんだけど、この子ってよく見るとかなりの美形じゃないかしら。

地味な雰囲気で一見わからないけれど、よく見るとモロにあたし好み。

（へえ……こういう子だったら、また会ってもいいかなあ）

あたしにしては珍しいことだったんだけど、その子の仕草があんまりかわいらしかったんで、「もう一度会いましょうか？」ってお誘いしてあげたの。もち、その場でＯＫよ。そういえばこのごろ、痴漢ばっかりで、本番セックスにはすっかりご無沙汰。そう考えると、あたし、すごくしたくなっちゃったの。

「ねえ、誰か友だちも連れてきなさいよ」

あたしがそう言うと、さすがにその子も驚いた様子。でも、そこまで女に言われて、逆らえるはずもないわよね。

「来週の同じ時間に、同じ場所でね。最低でも二人は連れてきなさいよ」

と言うあたしとの約束どおり、次の週の同じ場所で、あたしは彼と彼の連れてきた高校生と会ったんです。やっぱり彼とタイプが似ているというか、あたしの好みから大きくはずれてない、かわいい男の子二人。で、何とそのうちの一人は彼の弟だって言うんです。

「あの、誘っても大丈夫そうなヤツがほかにいなくて……」

申し訳なさそうな彼と、「ホントにこんな綺麗な人が?」って目であたしを見ているあとの二人。あたしはその日の朝からやる気満々だったから、早速、その駅ビルの屋上に三人を誘い込んだの。

「ここね、あたしのとっておきの場所なの。ほら、空がよく見えるのに、人も来ないし、まわりのビルから覗かれる心配もないの」

あたしは屋上の端に腰かけて、男の子たちの前で思い切ってコートの前を全部はだけました。そう、いつも「痴漢さん」するときと同じ、コートの下は何もつけてない素っ裸。ちょっと風が冷たいけど、目をまん丸にして驚く男の子の顔がすごくかわいいっ。

「さ、いらっしゃいよ」

さしのべたあたしの手を取って、両脇から乳房に吸いついてくる。最初はおずおずと、でもいったんオッパイを口に含むと、ものすごい勢いでぺちゃぺちゃ舐めだすの。

「あなたはここ？　好きにしていいのよ」

あたしは弟くんの前で大きく足を広げました。触られる前からびしょぬれ状態のおま×ちょを見て、弟くんは生唾を呑み込みながら、股間に顔を埋めてきたの。はふはふ犬みたいに舌を突き出して、少年の尖った舌があたしの中にめり込んでくる。

「あうーん……気持ちいいーん」

オッパイを舐める二人の頭を優しく撫で、あたしはしばらく三人の舌に身を委《ゆだ》ねました。責めるのもいいけれど、たまにはこうして奉仕されるのもいい気分。

「すご……い、いい匂いだぁ」

「おねーさんの肌、すべすべして綺麗だ」

「に、兄ちゃん、オマ×コからあったかい汁がいっぱい溢れてくるよ」

口々にあたしの体を褒めながら、六本の手がせわしなくあたしの体中をなでまわす。まるであたし、この子たちにむさぼり食われてるみたい……そういうの、興奮しちゃう。

「はあぁ……みんな、今日はあたしをお腹いっぱい食べてちょうだい。あたしのこと、滅茶苦茶にしてもいいから。生出ししてもいいのよ」

大胆なあたしの言葉に、少年たちの興奮が一気に高まりました。ああ、こういう日のために、きちんとピルを飲んでおいてよかったわ。少年たちはあたしのコートを脱がせて丸裸にすると、それぞれそそり立てたペニスを手に、あたしに襲いかかってきたの。

まずはあのかわいい彼が、四つん這いにされたあたしのお尻をつかんで、バックで挿入。あの鉄みたいに硬いモノが、ずぶりとおま×ちょに突き立てられる。

「うあんっ、か、かたいぃ」

首を反らしたあたしの顎をつかんで、彼のお友だちがお口にねじ込んでくる。あん、こっちも少し細身だけど硬くていい感じ。じゅぽじゅぽわざと音を立てておしゃぶりするあたしのオッパイに手を伸ばしてくるのは弟くん。上と下をふさがれてしまったから、オッパイを揉みながら、ペニスをあたしの肩にこすりつけてくるの。

（ああっ、待ちきれないのね、かわいいっ。いいわ、全身にぶっかけてちょうだ

いっ）

まっ昼間、晴れ渡った青空の下で、あたしは一糸まとわぬ全裸姿で、三人もの男子高校生に弄《もてあそ》ばれたの。若く張りつめた逞《たくま》しい陰茎が、あたしの性器を、お口を、真っ白な肌を激しく淫らに汚すの。ああ最高、すごすぎる……。

「うぶっ、うむぅう……！」

やがて彼らはそれぞれの箇所に、熱い体液を迸《ほとばし》らせた。弟くんの放った白い液は、あたしの肩から髪の毛まで勢いよくこぼれたの。やだ残念、あたしだけイキそこなっちゃった……と思う間もなく、アッという間に回復した三本のペニスが、今度は場所を変えて、仰向けにひっくり返されたあたしをまた猛烈に責め立てるの。

「あうっ、あううっ！　おま×ちょ突いて、奥まで、奥までぇ」

さっきおしゃぶりしていた細身のペニスが、びっくりするほど奥まで入ってくるから、少し驚いちゃった。でも、子宮に近いところをつつかれるのって、すごくいい。

「もっと、もっとぉ！」

って泣き叫ぶあたしの顔には、彼と弟くんのペニスが添えられて、精液まみれの亀頭が、あたしの顔中をなでまわす。あたしはそれを交互に口に含んで、両手で茎をしごくの。

「うああ……お、オレのチ×ポが、ほ、本物のま×こに入ってる……ああ、そんなに締めつけられたら」

「いいの、いいのよ！　いっぱい出して！　おま×ちょも顔も、みんなのお汁でどろどろにしてちょうだい！」

どくっ、どくどくっ！

「あっ、あついっ、熱いのいっぱいっ……いくっ……うぅぅうーっ！」

頭の中が真っ白に染め上げられ、あたしはその日最初のエクスタシーに達した。

さっきと同じくらい熱くてたっぷりとした精液が、びくびく痙攣するあたしのおま×ちょに勢いよく注がれた。そして顔面にこすりつけられていた二本のペニスからも、シャワーみたいに二人分のザーメンが勢いよく浴びせられたの。

「ああ……おねーさん、最高だよ。まだまだイカせてあげちゃうからね」

粘っこい液を、二人はペニスで顔中に塗りたくる。ああ、鼻の中まで精液まみれ。それぞれに微妙に味や香りが違う三人の男の子の精液。

少年たちの回復力ときたら本当にものすごくて。ぐったりするあたしを引き起こして、彼らはもう二回ずつ、あたしの体中にたっぷりの精液をぶちまけ、あたしを三度も昇天させてくれたんです。

それからも彼らはあたしのよきセックスフレンドになっちゃって……三人一緒に会える機会は滅多にないけれど、偶然駅で会うと、大抵そのまま痴漢プレイから青姦になだれ込んじゃいます。

でも、三人の誰にも会えないときは、やっぱり誰かめぼしい子を見つけて、また痴漢してしまうんですけどね。これぱっかりはやめられそうもないわ。

年下の絶倫大学生に毎日のように求められ熱いほとばしりをぶちまけられる悦び

小山美晴　音楽教室講師・二十八歳

私はいま、夫を裏切っています。

夫は優しく、子どももやんちゃですがかわいいし、ご近所づきあいに悩みがあるわけでもありません。本当に絵に描いたような幸せな立場にあるはずなのに、私は夫以外の男性、それも年下の彼氏と背徳行為を重ねつづけているのです。

彼……康友《やすとも》くんと知り合ったのは、実は小学二年生になる息子を通じてでした。夏休みも近づいたある日、息子の義明《よしあき》が同級生と、その子のお兄さんを家に連れてきたのです。そのお兄さんが康友くんでした。

康友くんは大学の一年生なので小学生よりも夏休みが早く始まるとかで、弟にせがまれて外で野球をしていたのです。小学生に混じって泥まみれの汗まみれになった康友くんを、私は息子の同級生同様に快く迎え入れました。

「すいません、ボクまでご迷惑かけちゃって」

無邪気なようでも、そこはやはり大学生です。礼儀正しく礼を述べるその態度に、私は好感を抱きました。それからも、康友くんは弟とともに何度か遊びにきました。一人っ子の義明はまるでお兄さんができたように康友くんになついていました。

大学でも運動系サークルに所属しているという康友くんは日に灼けてたくましく、息子の目にも私の目にも、理想のお兄さんに見えたのでしょう。

でも、私は気づかなかったのです。いかに好青年に見えても、彼がまだ二十歳前の、性欲のありあまった青年だということに。

夏休みに入って間もないある日、私は昼食後に少し居間でうとうとしていました。

ふだんなら音大時代の恩師が経営している音楽教室のお手伝いにいくのですが、夏休みに入ったばかりなのでしばらくは教室もお休みだったのです。

「お母さん、マモルの家に行ってくるからね」

そんな息子の声を聞いたような気がしましたが、穏やかな初夏の風の中、私はすっかりいい心地で寝入ってしまったのです。それからどのくらい、時間がたったころでしょう。私は全身に重石《おもし》を乗せられているような不快感で目が覚めたのです。

「えっ……？」

最初、それがなんなのかわかりませんでした。それはソファに横たわった私の上にのしかかり、もぞもぞと動きながらハァハァと荒い息を私の首筋に吹きかけていたのです。

「な、なに……？　なんなのっ」

「おばさんっ……おとなしくして……おねがいだからさ……」

その声の主が康友くんだとわかって、私はなおさら動転しました。まさか彼が私のような十歳も年上の女に襲いかかってくるなどとは、咄嗟に考えられなかったのです。しかし、彼の逞《たくま》しい腕は私のサマーシャツにかかり、一気にそれをまくり上げました。

目の前にシャツの色が広がったかと思うと、間髪を入れずにブラが剝ぎ取られのです。

ました。露《あらわ》になった私の乳房に、康友くんは顔を埋め、熱い息を吹きかけてきた

「やっ……！　な、なにしてるの、康友くん？　やめて、やめなさい！」

「お願い……だから……ね、いいでしょ？　ボクのほかにはだれもいないからさ。ね、ね？　前から、ずっと前からこうしたかったんだ」

康友くんはそんなことを切れ切れに言いながら、私の乳房を左右かわるがわる口に含み、ぺろぺろと乳首を舐め回しました。スカートがめくり上げられようとするのを感じた私は必死に身をよじって抵抗しましたが、筋肉のついた彼の腕は容赦なく私を押さえつけて離しませんでした。

「おばさんのオッパイ、柔らかい……それに、すごくいい匂いだ。あっ、だめだよそんなに動いちゃ……怪我しちゃうよ」

スカートの中に潜り込んだ彼の指先が、ピッとストッキングを引っ掻いた瞬間、私は体を強ばらせました。息子の同級生のお兄さん……などと安心しきっていましたが、彼は私よりも体格も力もある大人なのです。その気になれば私を傷つけることなんて簡単すぎることなのです。

（へ、下手に刺激しちゃいけないわ……）

折しも新聞やテレビでは、青少年の犯罪が多く報道されています。彼がどこまで本気なのかわからず、そしていつ逆上するかもしれないという不安に襲われて、私は抵抗するのをやめました。

「ありがとう、おとなしくしてくれて……やさしく……優しくするからね」

康友くんは少し落ち着きを取り戻したのか、乳房に埋めていた顔を離し、おもむろに私の服を剝ぎ取りにかかりました。どうやら彼が本気で私を抱きたがっているのだということが、薄々わかりました。

(でもどうして……？　私なんかを)

当然、私はそう思いました。彼のようにハンサムで爽やかな青年なら、きっと大学でもモテるだろうに、どうしてこんな犯罪みたいなことをするのだろう。

そう考えるうちにも、彼はぎこちない手つきで私のサマーシャツとスカートを脱がせ、自分も服を脱ぎ始めました。引き締まった胸板が露になり、その浅黒い青年の半裸姿を見上げた私の胸が、思わずドキリと高鳴りました。

「きれいだ、すごく……美晴《みはる》さん、って呼んでもいい？」

私は反射的に頷いていました。彼は優しく私の太股を撫でながら、ゆっくりとパンストを下げていきました。きっとパンストがお腹のお肉に挟まっていただろうと思うと顔から火が出る思いでしたが、康友くんはそんなことを気にした様子もなく、そっと私に覆い被さってきたのです。

「いきなりこんなことしてごめん……でも、我慢できなかったんだ」

「ど……どうして？　私みたいなおばさ……あんっ！」

なんの前触れもなく、彼の腕に力強く抱きしめられた私は、思わず甘ったるい声を上げてしまいました。どうして、という私の問いかけには答えず、康友くんはただ黙って私の体を抱きしめ、そして下半身を擦り寄せてきました。

若々しい筋肉のより合わさった彼の足が絡みついてくる、そのつけ根のあたりに張りつめた昂《たかぶ》りを感じ、私の胸はさらに高鳴りました。彼のそこにあるモノは明らかに性的興奮によって鉄のように硬くなっていたのです。

「あぁ……だめ、やめて……いけない、こんな……」

まるで自分自身に言い聞かせるように、私はそんなことを口走っていました。

それはなにより、いま私の肉体を欲している年下の男性の欲望に晒《さら》されて、私自身の体が如実に女として反応し始めていたからでした。

女の自由を奪う圧倒的な腕力。引き締まった肉体の重み、そして太陽と汗の匂い。貪り喰らうように乳房に食い込む指、痛いほどに吸引される乳首。牝を欲する独特の迫力に私は圧倒され、いつしかその力の前に屈していました。

「美晴さん、濡れてる……」

私の股間を指でなぞった康友くんは、驚きと悦びの入り混じった声でそうつぶやきました。私は恥ずかしさのあまり、顔を背けて口をつぐみました。自分でもはっきりそうとわかるほどに、私の女の部分からはいやらしい牝の股汁がこぼれだしていたのです。それは下着の上からでも十分に彼の指を湿らせるほどの量でした。

ちゅっ、ずちゅっ……。

康友くんはそのまま顔をずらしていったかと思うと、私の股間に顔を埋め、下着の上からその部分を舌で愛撫し始めました。あまりに露骨な音が恥ずかしくて私は腰をよじりましたが、康友くんはしっかりと私の腰をつかみ、離してくれません。

それどころか、舌先で足のつけ根や下腹部、さらに後ろに繋がるようなところ……よりにもよって汗で蒸れて匂いそうなところにまで舌を這わせるのです。

「あっ、あぁんっ！　い、いや、そんなところ汚いから……やめてっ」

「ううん……すごく……いい匂いだし、おいしい……」

むだな抵抗とは知りつつ、私は彼の頭をなんとか下腹部から離そうとしました。さっきにも増して私のそこが敏感になってきていることに気づいていたからです。

彼の舌が大陰唇をなぞるように舐め上げ、尖らせた唇でクリトリスのあたりをちゅうちゅうと吸い上げるたびに、背筋をゾクゾクと走り抜けるような快感が、徐々に強く、鋭くなっていったのです。

（ダメ……気持ちいい……このままじゃ、イッちゃう……）

久しく忘れていた女としての悦びに、私はむしろ恐れさえおぼえていました。息子ができて以来、私はずっと「母」であり「妻」でした。その私の肉体はいまやただの女、いいえ、一匹の浅ましい牝として、康友くんの愛撫に悶え、わなないているのです。

（ああっ、そんな奥まで舌を……そこ、そこもう少し強く吸って……）

私はいまにも私の理性を呑み込もうとする快楽の大波を感じ、彼の愛撫をすべて受け入れる気持ちになりました。しかし、彼はそこで不意に舌を離してしまったのです。

「あっ……？」

と思わず目を開けてみると、康友くんはクンニリングスでは辛抱できなくなったのか、下着を下げているところでした。どうやら彼は私がエクスタシー寸前まで追いつめられていたことにまでは気づいていないようでした。

（あとちょっとでイキそうだったのに……）

私は夫や息子に対する罪悪感などどこへやら、お預けを喰らった犬のように切なく康友くんを見つめました。康友くんはすっかり全裸になってしまうと、私の足を大きく開かせました。もちろん私は抵抗するどころか、自分から進んで足を開いて彼を迎え入れたのです。

「美晴さん……オマ×コがぱっくり開いて……すごいや……！」

（ああ……大きい！　なんてステキ……）

康友くんは私のそこを見て声を震わせ、私もまた彼の股間にそびえ立つモノを惚れぼれと見上げました。弓のように反り返った康友くんのペニスは、彼自身の手にあまるほどの存在感でいきり立ち、赤黒いペニスにはくっきりと血管が浮き出ているのです。

あのめくれ上がったカリが私の肉を押し分け、荒々しくえぐる様を想像しただけで、私はきゅうっと子宮が収縮するのを感じました。

「……ああ……温かいや。すごく、濡れてるね」

康友くんは両手で私の足首をつかんで、大きくVの字に広げました。そうして割れ目の上を何度も何度も、あの大きなカリ首で撫でつけるのです。ぶにっ、ぷにっと彼のペニスの下で私のそこがたわみ、震えました。

「ああっ……もう……もう、康友くん……」

たまらずに私は彼におねだりするように、自ら腰を振りました。

もう理性や常識などは心の中にはありませんでした。ただもどかしくこすりつけられるこの勇ましい陰茎を、思い切り私の中に打ち込んでほしい、それしか考えられなかったのです。

「うれしいな……美晴さんも感じてくれてるんだね。ボクのチ×ポ、入れてほしいんだね」

「ええ、そうよ……私だって……女なんだもの……んあ、あぁーっ」

「じゃあ、入れてあげる、ね」

ずぶっ、と彼の先端が肉を押し分けて入ってきたとき、私はそれだけで軽いエクスタシーを感じてしまいました。柔らかさと弾力だけで作られた女の肉の中に、硬く張りつめた男の存在感がねじ込まれるこの感覚。

(あぁっ……わたし、犯されてる！　康友くんに！)

彼の分身が膣の中ほどまで挿入されたとき、私は股に力を入れてオマ×コを収縮させました。康友くんは急に抵抗してきた私のそこに気づき、「くっ」と小さく声を洩らしたあと、ぐぐっと体重をかけてのしかかってきました。

「ああっ、いいわ……もっと深く……きてっ！」

「うう、きつい……あ、あっ？　す、吸い込まれる……！」

私は康友くんが童貞だとは思いませんでしたが、それでも私の女の部分で彼が悦びの声を上げてくれることに、言いようのない悦びをおぼえました。彼がピストン運動を始めると、私はそのリズムに合わせて膣に力を込めたり、不意に力を緩めたりして、さまざまな変化をつけてあげました。

「ああっ、すごい、すごいや！　こんなの、初めてだ、き、きもちいい……！」

そんな彼の声を聞くとますます嬉しくなり、私は彼に貫かれながら自分でも腰を左右に振って動きを変えながら、若く激しいピストンに歓喜の声を上げました。

「いいわっ、もっと突いて、もっとえぐって！　滅茶苦茶にしてぇえ！」

「ああーっ！　ああっ、美晴さんっ、好きだっ、好きだっ！　おう、おおっ！」

あっ、中に出される……そう感じた瞬間も、私はどこか冷静に彼を受け入れていました。むしろ思い切り膣に射精してほしいとさえ思いました。徐々にピッチを上げるピストンのあと、彼は「うっ」と短く呻くと、そのままどくどくと私の子宮口に熱くたぎった液体を叩きつけたのです。

「はあ……はぁ……はぁ……」

ぐったりと乳房に顔を埋める康友くんの髪を、私は優しく指ですきました。残念ながら私自身は完全なエクスタシーには至りませんでしたが、それでも股間の奥から腰にかけて、ずっしりと重く快感の余韻に満ちていました。なによりもお腹の深い部分で受け止めた康友くんの精液の熱さに私の心は満足していました。

「康友くん……もうダメよ。もうずいぶん時間たっちゃったわ」

おそらく彼も、私が絶頂にまで至らなかったのに気づいたのでしょう。康友くんは私に挿入したまま、再びペニスを勃起させようと腰を小さく揺らしていました。たぶん、若い彼のことですから、五分もたたないうちにあそこは完全復活したことでしょう。

でも、私は彼をなだめすかし、その日は彼を帰すことにしました。

「今日はダメ。その代わり……今度はうんと気持ちよくさせてちょうだい、ね？」

その言葉どおり、私はその後、数え切れないほど彼に抱かれ、彼の逞しいペニスでこの世のモノとも思えないほどのエクスタシーを味わわされたのです。

一度、年上の女の許可を得た若者は、次の訪問から私が驚くほど大胆になっていました。ちょうど夏休みだったのをいいことに、それから一週間というもの、彼はほどんど毎日のように私の家に通い詰め、そして体力の続く限りに私を貪り、私の膣に熱いほとばしりをぶちまけていったのです。

彼がやってくるのはたいてい、息子が遊びに出かけてからでした。遊び盛りの息子は家の中でじっとしているのが苦痛な年ごろ。外に出れば夕方まで帰ってきません。それを知っている康友くんは、家に一人残った私をたっぷりと時間をかけて犯すことができるのです。

私を襲った最初の日、私を満足させられなかったことを気にしていたのか、彼はとにかく私をよがらせることに執着しているようでした。

私は有無を言わさず、彼の目の前で一枚一枚、ゆっくりと衣服を脱ぐように命令されました。そして全裸になったところで彼にお尻を向け、自分でお尻を開くように言われました。むき出しになったオマ×コやお尻の穴に、彼の視線が突き刺さることに、私は羞恥《しゅうち》を感じました。

「へえ、もうこんなに濡れてるよ。見られてるだけで感じたの?」

「あっ、ひううぅっ！」

私は若い恋人の視線に晒されるだけで、股間をぐっしょりと濡らしていたのです。ちょっと触られただけで、熱いメス汁が腿を伝うほどです。彼は指でその伝った愛液をすくい取り、再びそれを膣に押し込もうとします。しかしそうするとまた奥から新たな液が噴き出して彼の手首を濡らすのです。

「おねが……い……かせて……あ、ひぃ」

本当は彼だって早く私の中に入りたいのです。

ソファに座った康友くんのズボンの前は、テントのように盛り上がっているのです。けれども彼はまず一回は私を昇天させてからでないと挿入しない、と決めてしまっているのです。

（もう……若い子って強情なんだから。ああっ、早くイカせてっ）

そう心の中で叫びながら、私はつきだしたお尻を彼のほうに向け、悩ましく振って見せます。一児の母親として、それはあまりにも恥ずかしく、浅ましい行為でしょう。でも、こんなに燃えたぎる肉のうずきを、ほかにどうやって鎮めろというのでしょう。

私は発情したメス犬のように「くぅん、くぅん」と鼻声で鳴きながら、彼の唇が私のお尻に埋められる瞬間を待ちわびるのです。

「くひぃんっ……！」

念願叶い、康友くんは私の腰を抱きかかえるようにして、お尻の割れ目に顔を突っ込んでくれました。熱い吐息が肛門に吹きかかり、ぬめった舌が私の敏感なそこをていねいに舐めほじくるのです。

ぺちょぺちょ……ぺちょぺちょ……康友くんの舌が何度も何度も私の中に潜り込み、いやらしい体液を啜《すす》りとっていきます。執拗《しつよう》な視姦、そして指愛撫だけでイキそうになっていた私は、あっけなくエクスタシーに達し、私は彼の腕の中でびくびくと絶頂の痙攣を迎えるのです。

「ひっ！　ひう、ひっ、うふぅ……あんっ、あ、あんっ！」

「よしよし、今日もいい声でイッちゃったね」

もちろん、本格的なお仕置きはこれからです。力が抜けて立つこともできない私を床に押し倒すと、彼の嵐のような猛烈ピストンで私は縦横無尽に貫かれるのです。

「ひーっ！　ひぃっ、ひぃいっ、ひぎぃいあああーんっ！」

「まだまだ元気そうじゃない、美晴さん。昨日はもう許して、もう限界だわって泣いて頼んだくせに、今日は今日でこんなに乱れるなんて……」

どこかからかうような口調ですが、実際には康友くんは本物の獣のように私のそこを貪っています。なにしろ若いだけあって、体力はありあまっているのです。バックで責めるときも私の乳房を持ち上げるようにして、ほとんど空中セックスのような体勢で腰を打ちつけてくるのです。

最初のときに見せた、切羽詰まった感じがなくなって落ち着いたぶん、持続力も上がったみたい。あれこれ体位を変えながら一方的に、延々二十分近くもピストンしていたときもあります。

「そろそろ……そろそろいくよ……いく、いくよ……！」

ようやく彼がそう言うときには、私は答えることさえできません。連続的に襲ってくるエクスタシーの波に翻弄《ほんろう》され、半失神状態になっているのです。

それでも、彼が射精する瞬間だけははっきりとわかるというのは不思議なものです。いえ、むしろ激しすぎる康友くんとのセックスの中で、彼の精液を体に受けるというその背徳的な事実だけが、私をかろうじて現実世界に引き戻しているのかもしれません。

「あぁっ、出るっ！」

「ひゃぁあーんっ……あっ、い、いっぱい入ってくるうう……」

穏やかなはずの昼下がり……平凡な人妻にすぎない私は、こうして今日も若すぎる恋人にバックスタイルで犯され、たっぷりの牡汁を注がれて昇天してしまうのです。

こうして彼になぶられるのは、すっかり私の日常になってしまいました。

彼が望むならば私はどんなに恥ずかしいポーズもとり、自慰にも言葉なぶりにも敏感に反応して股間を熱く濡らしてしまうのです。彼は若い子ならではの好奇心を発揮し、私をただ犯すのではなく、さまざまなプレイに積極的でした。

中でも特に彼が気に入ったのは、私にとっては一歩間違えれば身の破滅にもなりかねないプレイでした。なんと康友くんは自分の弟と私の息子が部屋で遊んでいるときでさえ、私を求めてくるのです。

「だめ、ダメに決まってるでしょ。あの子たちに見られでもしたら……ああっ」

キッチンでおやつを用意している私の腰を背後から抱くようにして、康友くんはすっかり硬くなった股間を私のお尻に擦りつけては、胸にまで手を伸ばそうとするのです。

「だからこそスリルがあっていいんじゃない。ほら、乳首もこんなにしこってるよ」

　やや強めにつままれた乳首に、電気のような快感が走ります。二階の息子の部屋からは、ゲームに興じている無邪気な子どもたちの声。

「ねえ、このまま立ちバックで入れてあげようか、ボクのこれ。なあに、あいつら対戦ゲームに夢中だから、降りてきやしないさ」

「だ、だめよっ、ダメ……」

　口ではダメと言いながら、私はスカートをまくり上げる康友くんを止めることなどできません。彼はジッパーをおろしておチ×チンだけ取り出すと、すぐにもごまかせるように、私のパンティをずらしただけで、そこに背後から捻《ひね》り込んでくるのです。

「あぐぅ……」

「やっぱりヌレヌレだったね……でも立ってるぶん、オマ×コがしまってすごくいいよ。じゃあ……動くよ」

「あっ、あくぅ、くふ、うう……」

　咄嗟に洩れそうになる喘ぎ声をエプロンを噛んで堪える私を、康友くんはぐいぐいと犯します。すぐ近くで息子が無邪気に遊んでいる白昼、私はなんてふしだらな女なんだろう……でもその背徳感と倒錯感が、康友くんに犯される快感を倍増させるのです。

結局、康友くんは私の中で射精してしまい、私もあっけなく昇天してしまいました。息子たちには気づかれなかったのが幸いですが、もしも私が彼に犯されているところを見られでもしていたら……と思うと、自分でもなんて大胆なことをしたんだろうと思います。

「今日もとってもステキだったよ。ねえ、今度は弟は連れてこないからさ、キッチンでたっぷり時間をかけてしようね。エプロンつけたまま、いろいろな体位を試してみようよ。きっとすごく興奮するよ」

そう言って帰っていく康友くんは、私のことを本当はどう思っているのでしょう。

夫のいる私には、彼の「好きだ」という言葉をそのまま信じきることはできません。この夏休みが終わり、彼が大学に戻ってしまったら、彼も弟の友人の家になど気軽に来ることなどできにくくなるでしょう。

あるいはこの夏休みだけ、彼の底しれない性欲を解消するためだけの道具として利用されているだけなのかもしれません。どんなに激しく彼が私を求め、私との爛れた関係に耽溺しているように見えても、私は彼との年の差を意識せずにはいられません。

　でも……ああ、それなのに私の体はもう彼とのとろけるような激しいセックスなしにはいられなくなってしまったようなのです。

　夫や、息子への罪悪感はむろんあります。でも、ときどきそんなものをすべて捨ててしまいたい……そんなことさえふと思ってしまうのです

誰でもいいからいますぐ私を抱いて！
ネットで男を漁りまくる人妻ＯＬ

西本亮子　ＯＬ・二十二歳

インターネットってなんてすばらしいんだろうって、このごろつくづく思うんです。どうしてもっと早くこのすばらしさに気がつかなかったんだろうって……。

私がハマッているのは出会い系サイト。交際相手を求める人たちがメッセージを書き、それを読んで気に入った人がメールを送ってコンタクトをとるというページです。

そういう世界があることは、ちょっと前にテレビで見て知っていました。だけど、顔もわからない人とメールをやりとりするなんて、なんとなくオタクっぽいし、あまりいい印象は持っていませんでした。

見ず知らずの人と会って、その場限りのエッチを楽しむことは自分でも何度かしたことがあるくせに、それがインターネットを使ってするというだけで、変な先入観を持っていたのです。

ところが、いざそういうページが目の前のディスプレイに現れると、私はそこに書かれているメッセージを夢中になって読み漁っていました。

掲示板の形式になったサイトには、異性との交際を希望するメッセージが並んでいました。その多くが男性からのもので、医者や弁護士、一流企業のエリート社員等、職業や社会的地位を売りにしているものもあれば、「精力には自信があります。朝まであなたを寝かせません」とか「甘いひとときをお約束します」といった少しエッチなものもあり、中には「私のオマ×コにあなたのチ×ポをぶち込んで！」という女性からの過激なメッセージまでありました。

それらのメッセージを読み進めていくうちに、私は徐々にからだがホテっていくのを感じていました。

（これを書いた人って、どんな人なんだろう……）

とか、

（もしかしてこの人、これを書きながら勃起してたのかな？）

とか、

（この人のエッチって、スゴそう……）

とか想像しているうちに、からだの奥から激しい興奮がわき上がってきたのです。

（あぁ、ガマンできなくなっちゃった……）

ディスプレイに表示されたメッセージを読みながら、いつしか私の指は足の間のはずかしい場所にもぐりこんでいました。ズキズキするような快感がそこから全身へ広がっていきます。こんなに興奮したのは久しぶりでした。

しかしオナニーで何度イッても、からだのほてりは鎮まりません。

（あぁ、誰でもいいから私をめちゃくちゃにして！）

私のからだはもはや抑制が効かないくらい熱くなっていました。

いやらしい液で濡れた指が、ひとりでにキーボードをたたいていました。

私には学生時代に結婚した夫がいるのですが、共働きでＯＬをしているので正直に（?）、

「……誰でもいいからいますぐ私を抱いて！　××区内に十分以内に来られる男性の人、メールをください。体力があって、メチャクチャに私をイカせてくれる

人を待ってます！　××区　二十二歳　人妻ＯＬ　Ａ子」

　それだけ一気に打ち込んでから送信ボタンをクリックすると、一秒もしないうちに私のメッセージが掲示板に表示されました。

（あぁん、早くぅ……誰か早く私を抱いて！）

　アソコの奥からジュクジュクといやらしい液がにじみ出してくるのがはっきりとわかるくらい、その日の私は濡れていました。

　男性からの反応はすぐにありました。掲示板を見た人からメールが続々と送られてきたのです。

　いちいち目を通しているのは面倒くさいし、すぐにエッチがしたくてたまらなかったので、一番最初に届いたメールの相手と会うことにしました。

　その相手の人は、「体力には自信があります！　朝まででもおつきあいさせてもらいます！」と書いてきた十九歳の大学生でした。

　待ち合わせの場所を知らせるメールを送ると、間髪おかず「すぐに車を飛ばしていきます！」という返事が来ました。

　私もすぐに服を着替えて、タクシーで待ち合わせ場所へ向かいました。

　タクシーから降りると、すでに彼の車は駅前に止まっていました。車の横には真面目そうな大学生が立って、あたりをキョロキョロ見まわしています。

（この人ならだいじょうぶかしら……体力もありそうだし）

「あの……さっきメールをいただいた……」

車に近づいていく途中で私に気づいた彼の表情が、パッと明るくなりました。

「よかった。ほんとうに来てくれたんですね」

彼も出会い系サイトを利用したのはこれが初めてで、半ば期待しながらも、すっぽかされることも覚悟して車を飛ばしてきたそうです。

思っていたより感じのいい相手だったので、私もほっとしました。

「ごめんね、ムードなくて。でも、ガマンできなかったの……」

助手席に乗り込んでからそう言うと、

「いや、ぼくのほうこそ……」

彼がテレくさそうに頭をかきました。

その腕にはびっくりするくらいの筋肉がついていました。さすがに「体力には自信がある」と豪語しただけのことはあります。

「すごい筋肉ね。触ってもいい？」

ハンドルを握る彼の腕を撫でているうちに、また興奮がぶり返してきました。

「どこに行きます？」

筋肉を見せびらかすようにして車を走らせる彼の肩にあごをのせて、

「決まってるじゃない。一番近くのホテルに連れていって」

耳元にささやきかけるようにそう言うと、私は彼の下半身に手を伸ばしました。

「あっ、ダメですよ、そんなとこ……あ、ほんとに、ちょ、ちょっと……」

大学ではボート部に所属しているという彼は、いまどきの大学生にしては珍しく真面目で、女の子ともあまりつきあったことがないそうです。

そんなウブな彼の反応が、ますます私を淫らな気分にしました。

Tシャツの中にまで手を入れて、彼の肩や胸の筋肉をさんざん撫でまわしてから、信号待ちの間に彼のジーンズを下ろして、元気なペニスをつかみ出しました。

「ホテルにつくまでガマンできないの。ねぇ、しゃぶっていいでしょ」

強く握ると、中でドクドクと激しく脈打つ感じが手のひらに伝わってきます。

「いいですけど……でも、そんなことしたら、運転できないかも……あっ、い、いい……」

ツンッと匂うたくましいペニスに舌をはわせると、茎の部分が膨らんで、大量の血液がその中に流れ込んでいく感じが伝わってきました。

「すてき……はぁ、これが欲しかったの……あぁ、たまらないわ」

一気にペニスを根元まで呑み込み、激しく音を立てて吸い込みました。

彼の腰はシートベルトで固定されているので、動かしようがありません。そこに顔を押しつけるようにして、私はペニスの先からにじみ出す甘酸っぱい液を味わいました。

すると、

「あっ、ダメだよ……もぅ……出る、グウッ、出るっ！」

信号で止まった瞬間、うめき声とともに口の中に大量の精液が発射されました。

ペニスの鼓動が治まるのを待って、私は彼の股間から顔を上げ、口に溜まった精液を飲み下しました。

彼は頬を紅潮させ、息をはずませて、懸命に運転を続けていました。

口に残った金木犀《きんもくせい》のような香りを反芻《はんすう》しながら、ホテルに着くまでの間、私は彼のペニスを指でもてあそびました。

すると、射精直後は少し充血を失いかけた彼のペニスは、すぐに硬さを取り戻していきました。

（本当に朝までつきあってくれそうね）

そう思うと、アソコの奥からジュワッと愛液が噴き出してくるような興奮がこみ上げてきました。

ホテルに着くとすぐに、彼は私をベッドに押し倒して、荒々しく襲いかかってきました。

私も彼の求めに応じて、貪るように唇を吸い、恥じらいを捨てて悶《もだ》え声をあげました。

彼の指がスカートをめくってショーツに入り込んできたときには、自分から積極的に股間を押しつけていきました。

「あっ、いい……」

たっぷりと濡れた肉唇に彼の指がするりと侵入しました。

腰を大きく左右に開いて、下から腰をせり上げるようにすると、指先が膣の奥まで入り込んで、すごくいい気持ちでした。

「二本入れて……ねぇ、早くぅ」

私が催促すると、彼はすぐさま中指と薬指で肉唇を貫き、メチャクチャにかきまわしてくれました。

「あぁ～ん、すごいッ、もっと、もっとグチャグチャにして！」

彼の硬くて熱いペニスが口に押し込まれるまで、私は叫びつづけました。ついい数分前にあんなにいっぱい精液を放出したのに、彼は惚れぼれするくらい立派に充血していました。

しかも、ペニスから放たれる匂いは前にもまして強くなっています。舐めしゃぶるたびに、唾液とともに熟成されたチーズのような酸っぱい香りが、食道を伝わって胃の中に流れ込んできました。

「お願い、これを入れて！　アソコに……お願い、早くッ」

睾丸の入った袋を唾液でベトベトになるまで舐めまわしながら、私は挿入を催促しました。

彼の顔は、私の足の間に埋めこまれています。

服も下着もすべて剝ぎ取られた姿で、私はあられもなく足を開いて、彼の舌を受け入れていたのです。

「すごく濡れるんですね。舐めても舐めても液が溢れ出してくる」

口のまわりを粘液で濡らして、嬉しそうに言いました。

「それは、あなたの舐め方がうまいからよ。ねぇ、もうガマンできないの。早くこの太くて硬いおち×ちんをアソコに入れて」

彼にキスをして、口のまわりについた粘液を舐めながら、私はペニスの先を淫らな肉唇へとあてがいました。

あとは彼が腰を進めるだけです。

「いつもこんなふうに男をリードしてるんですか？」

息がかかるくらい顔を近づけて、彼が私の顔をのぞき込みました。

「いつもじゃないけど……」

私がそう言おうとした瞬間、いきなり彼が入ってきました。

ズンッと奥まで響くほど強く、腰が打ちつけられました。

目の前が真っ白になって、息が止まりそうなくらい激しい快感が全身へ広がっていきました。

「メチャクチャにしてほしいんですよね？　一晩中やりまくりたいんですよね？それでぼくを呼んだんですよね？」

たたみかけるように言いながら、彼が腰を使いはじめました。

猛烈な勢いでペニスが出入りを繰り返します。

溢れ出した愛液が彼のペニスでシェイクされて、ふたりの肉体がつながった部分から粘り気のある湿った音が聞こえてきました。

「あぁ、すごいッ……もっと、もっと突いてッ……そう、すてき……あぁ、こわれちゃいそう……」

テクニックのかけらもない直線的なピストン運動でした。

しかし、テクニックに勝る勢いのよさが彼にはありました。

体位を変える余裕も必要もないくらい激しく突進する彼の攻撃に、私は何度も意識を失いそうになりました。

ペニスから発射された熱い精液がお腹に降りかかってきたときには、ほとんど酸欠寸前の状態でした。

「はぁ……もう、ダメ……すごすぎるわ……こんなの、初めて……」

心臓が高鳴っていました。

だらしなく手足を投げ出して、私は絶頂感に酔いしれました。からだの奥に残されたピストンの余韻が、しびれた腰を震わせて、何度も興奮の波が押し寄せてきます。

(たった一回メールをやりとりしただけの関係なのに……)

互いに相手のことをほとんど知らない間柄だから、逆にストレートにセックスそのものを楽しむことができるのかもしれません。後先考えずに快感にのめり込めるすばらしさを、私は全身で感じていました。

もちろん、その数分後には、再び彼のペニスを舐めしゃぶっていました。彼の側にも、その日限りの関係だという気持ちがあったのでしょう。果てても果てても彼のペニスは回復して、激しく私を責めたてました。

さすがに大学のボート部だけあって、彼のスタミナは期待以上のものがありました。メールの文面どおり、朝まで一睡もせずにひたすらセックスに没頭したのです。

最後は、挿入してから射精するまで二時間近くかかりました。

おへその上に発射された最後の精液を指ですくって舐めながら、私はとても幸福な気分に包まれていました。

それ以来、私はすっかり出会い系サイトのヘビーユーザーになりました。

自分からメッセージを載せるだけではなく、掲示板に並んでいる文章の中から子宮に響いてくるようないやらしいメッセージを見つけては、積極的にメールを送っています。

しかし、メールをもらってすぐに会ってエッチしたのは最初の彼ひとりで、その後は数日後に待ち合わせをするというパターンがほとんどです。

待ち合わせる場所は、会ってすぐにラブホテルに行きやすいように、繁華街のはずれのビルの入り口などをこちらから指定するのですが、用心のために、いつも最初は物陰から相手の姿を確認するようにしています。

やはりインターネットは相手の顔が見えないだけに、どんな人が現れるのかわかりません。年齢詐称などは日常茶飯事です。ときにはとても堅気の世界の人とは思えない方がいらっしゃることもありました。

そういうときには、さすがに好奇心旺盛な私でも気が引けてしまい、姿を現すことなく帰ってきました。

年齢詐称とともによくあるのが、ウソの職業を名乗ることです。男性にもミエがあるのか、それともそのほうが女性のハートをキャッチしやすいと思うのか、出会い系のホームページには医者や弁護士からのメッセージが掃《は》いて捨てるほど並んでいます。もちろん、そのほとんどがウソに決まっています。

私が実際に会ってエッチした人の中にも、偽医者が三人に偽弁護士が二人いました。どう見ても知的職業に従事しているとは思えないタイプの人ばかりでした。

でも、それは私も最初から承知していることです。相手が身分を偽《いつわ》っていると知りながら、ついつい私も医者や弁護士という肩書きに惹かれてメールを送ってしまうのです。それは、私の中にも社会的な地位のある男性とエッチしてみたいという欲望が渦巻いているからにほかなりません。

だから、私もあまり相手の職業を追究するようなことはしません。エッチをしている最中は、「お医者さんが私のアソコを舐めてるんだわ」とか、「弁護士のくせに、この人ってすごく激しくて暴力的……」とか自分に言い聞かせて、仮想の世界を楽しんでいるのです。

実を言うと、私もインターネットで出会った人の前では一流企業の社長秘書のふりをしています。本当はただの人妻ＯＬですが、社長秘書を演じることで、いつもの自分よりもすごくエッチな気分になれるのです。

相手の男性も、社長秘書とセックスしていると思うと燃えるらしく、「秘書のマン汁はどんな味かな？」とか、「スケベ社長にセクハラされて、それでこんなに開発されたんだろ？」などと、ポルノ小説のような下品な言葉で私を責めたてては、硬くなったペニスで激しく突き上げてきます。

少し前にもてはやされたバーチャルリアリティじゃないけど、お互い、仮想の人物になってその場限りのセックスを楽しむことがどんなに気持ちのいいことか、これだけは実際に体験した人にしかわからないものかもしれません。

いったんその快感の虜《とりこ》になったら、容易にそこから抜け出すことはできません。

現在の私の生活は、インターネットを中心にまわっているといっても言いすぎではないくらいです。

なにしろ出会い系サイトにいったんメッセージを載せると、その日から一週間は毎日数十通ものメールが届くのですから、そのすべてに目を通すだけでもひと苦労です。

それだけメールが来れば当然のようにいやがらせやひやかし、いたずらの類《たぐ》いも混ざっています。

はじめのころはそういうメールを目にするのがイヤで、すぐにゴミ箱行きにしていたのですが、だんだんインターネットの世界に慣れてくると、いやがらせのメールに書かれた、私を蔑《さげす》む汚い言葉の数々が、まるでＳＭプレイの言葉責めのように感じられるようになりました。

よく見れば、いやがらせのメールを送ってくるのはいつも同じ人物だということがわかりました。私がメッセージを載せるたびに、待ってましたとばかりに非難とも侮蔑《ぶべつ》ともつかないメールを送りつけてくるのです。

（もしかして、この人ってネットストーカー？）

しつこく私の後を追いかけてくるその人物に、私は強く興味をそそられました。

現実の世界だったら、ストーカー行為などされたら薄気味悪くてたまりませんが、インターネットの世界でならば全然こわくありません。

むしろ、そこまでしつこくいやがらせのメールを送りつけてくる人物の執念が、すごく変態チックで淫らなものに感じられました。

（この人に直接汚い言葉で罵《ののし》られたら、どんなに気持ちいいかしら……）

いつの間にか私はそんなことを熱望するほどまでになっていたのです。

さっそく私は、いやがらせメールの主にコンタクトを試みました。

反応はすぐにありました。文章にはあいかわらず汚い言葉が並んでいましたが、いつものいやがらせメールに溢れているような敵意は感じられず、むしろ私からのメールを待っていたような雰囲気が感じられました。

そこで、再びこちらからメールを送り、「よかったら一度会ってみませんか」と誘ってみたら、「喜んで参上します」という返事が返ってきました。

（意外にいい人だったりして……）

はじめはサディスティックで偏執狂的な人物を想像していたけれど、何度かメールをやりとりする間に、彼に対する私の印象は百八十度違ったものに変わっていました。

その彼と会う約束をした当日、私は物陰からいやがらせメールの主が現れるのを待っていました。果たしてどんな人物がやってくるのでしょう。

約束の時間を少し過ぎたころ、待ち合わせ場所に一台の高級車が止まり、運転席から品のいい初老の紳士が姿を現しました。

(エッ、まさかこの人が?)

信じられない気分でした。

しかし、その初老の紳士は目印の赤い帽子を頭にかぶり、キョロキョロとまわりを見まわして、誰かを探しています。

間違いありません。この人がいやがらせメールの主だったのです。

私は姿を現そうかどうか迷いました。

相手の年齢は問題ではありません。これまでにも還暦間近の男性を相手にしたことはありました。それよりも、いかにも高級そうなその車に圧倒されていたのです。

(見た目は優しそうだけど、実はどこかの組長だったりして……)

そんな不安が胸をよぎりました。しかし結局、私は姿を現すことにしました。あのいやがらせのメールに書かれていたような汚い言葉で責められたいという気持ちが勝ったのです。

タイミングを見計らって初老の紳士の背後から近づき、声をかけました。

振り向いた男性の顔は見るからに温厚そうな、上品なおじいちゃんという印象でした。

「こんなじいさんで驚いたでしょう」

そう言って微笑む表情には、相手を包み込むような柔らかさがありました。

(本当にこの人があんなヒドいメールを書いたのかしら……)

実物を目の前にしながら、私はまだ信じられない気分でした。

高級車でドライブしながら話を聞けば、なんとこの初老の紳士は、ある有名なお寺の住職さんだということがわかりました。

「はずかしい話だが、自分の正体が相手にわからないと思ったら、ついあんな卑劣な発言をしてしまったんだよ。いい年をして、まだまだ修行が足りんのお」

最初はこの人も仮想の自分を演じているのかしら、などとも思ったのですが、どうやら本当にお坊さんみたいです。有名なお寺の住職さんなら、こんな高級車に乗っていても不思議はありません。

(お坊さんとエッチするのは初めてだわ。それに、お坊さんにあんな汚い言葉で罵られるなんて……あぁ、すごくいやらしくて気持ちよさそう)

住職さんの話を聞きながらあれこれ想像をしているうちに、我慢できないくらい興奮が高まってしまいました。

「あの……すみません、ちょっと止めていただけませんか」

いきなり私がそう言ったので、住職さんは驚いた様子でした。

「なにか気に障《さわ》るようなことを言ってしまったかな。もしそうなら勘弁しておくれ。長年、坊主などやっていると、つい人を見下して傲慢《ごうまん》な態度をとってしまうんだよ」

国道沿いのファミリーレストランの駐車場に車を止めると、住職さんはまた「まだまだ修行が……」とつぶやきました。

その言葉を遮《さえぎ》るようにして、私は住職さんの首に抱きつき、口づけをしました。

「な、なにをするんじゃ。お嬢さん、年寄りをからかうものじゃない」

住職さんは、予想外のキスを受けて、明らかに動揺していました。

「だって、住職さんも私のからだが目的で、わざわざ会いにきてくれたんでしょ」

たじろぐ住職さんの首筋にキスをしながら、私は喘ぐようにして言いました。

「しつこくメールを送っていたのも、本心では私とセックスしたいからでしょ」

「いや、あれは……あれはわしの修行が足りんからで……」

「ねぇ、メールに書いてあったような汚い言葉で私をイジメて。住職さんの精液を私のからだに浴びせてほしいの。これをちょうだい。早くぅ」

手を伸ばして住職さんの股間をまさぐりながら、私は淫らに催促しました。

はじめは平静を装《よそお》っていた住職さんも次第に鼻息が荒くなっていきました。

そして、私の手でもてあそばれた股間のイチモツが硬くなりはじめたころ、オスの本性を剥き出しにして襲いかかってきたのです。

住職さんは私のからだを服の上から撫でまわし、それからスカートをまくり上げて、ショーツの上から熱くホテッた肉の丘をわしづかみにして揉みしだきました。

「あぁん、いい……そこ……指を入れて、奥まで入れてかきまわして」

喘ぐ私に、突然人が変わったような住職さんから蔑みの言葉が浴びせかけられました。

「こんな年寄りまで誘惑しないと気がすまないのか！　この売女が！　性欲に溺

れた淫売め！　おまえのような女は地獄に落ちるがいいわッ。こいつがおまえを狂わせたのか？　ほれ、こっちも感じるのか？」

そう言いながら膣に深く指を挿入して、同時にクリトリスを荒々しくつまんで責めたてる住職さんの愛撫は、私の欲情を痛いくらいに刺激しました。

淫らな液汁がとめどなく溢れ、それを住職さんに見咎《とが》められて、さらに汚い蔑みの言葉が私の身に浴びせかけられました。

「あぁ、おかしくなっちゃう……欲しい……おじいちゃんのおち×ちんが欲しいのォ」

「これか？　これが欲しいのか？」

車の外にまで聞こえそうなくらいな大声でいやらしい言葉を口走る私の頭をつかんで、住職さんが自らの股間に引き寄せました。

目の前に黒光りのするペニスが見事にそそり立っています。

「昔は何人もの女を泣かせたイチモツじゃ。たっぷり味わえ」

痩せたからだとは対照的に、住職さんのペニスは中太りで、両手でつかんでも包みきれないほどの長さがありました。

「はぁ、すごい……ん、んぐっ……おじいちゃんのおち×ちん、すごくおいしいわ」

舐めては咥え、咥えては舐めるを繰り返しているうちに、いますぐにそれを迎え入れたい気分になりました。

「もうダメ、ガマンできないッ」

アソコの奥が燃え立つような興奮に突き動かされて、私は住職さんの腰にまたがっていました。

中太りのペニスを握り、位置を定めると、グイッと腰を沈めました。

「お、おおッ、しまる……」

住職さんの口からうめき声が洩れました。

その口を貪るように吸いながら、私は括約筋を収縮させ、腰を上げ下げさせました。

しびれるような快感がからだの隅々にまで広がっていきます。

「はぁ、イクッ、イクゥーッ」

からだがトロけていくような感覚とともに興奮が高まっていきました。

「ふぅっ、わしも……出る……出るぞ!」

住職さんが下から激しく一突きした瞬間、エクスタシーがやってきました。

中太りのペニスがさらに太く膨張して、膣の一番奥のほうに熱い精液が発射されました。

「ずっと昔にパイプカットしたから心配いらんよ」

住職さんの言葉を聞きながら、私は深い満足感に包まれていました。

第三章

スキモノ奥さんの底知れぬ淫欲

アナルセックス大好きの美人女医は、一心不乱に男たちに犯され続け……

堀田冴子　医師・二十八歳

少し恥ずかしい告白をします。

実は私、二十七になるまで男性経験がありませんでした。つまり二十七年間処女を守っていたわけです。別に、おつきあいのチャンスがなかったわけじゃありません。学生時代、何度か交際を申し込まれたこともあります。

自慢じゃないですけど、私ダイエットなんて考えたことがないほど、プロポーションには自信があるんですから。

問題だったのは、父です。大病院の院長である父は、一人娘の私をどうしても跡継ぎにしたかったらしく、私は幼いころから医師になることを半ば義務づけられて育ったんです。

（そんなの、私を医者と結婚させればすむことなのに……）

でも、ダメなんです。父は自分の血縁でもない男に病院を継がせるなんて、とんでもないっていう考えの人なの。まあ、そのスパルタ教育のおかげで、私は有名医科大学を首席で卒業、国家資格を取ると同時に父の病院に勤めだしたんです。

幸い、こんな私にも医師の素質はあったようでした。インターン時代には積極的に大きなオペにも参加させてもらい、いつしか私は医局内でも一目置かれる新進女医としてのスタートを切ったのです。

もちろん、そこに父の威光がなかったわけではありませんが、自分なりに仕事の楽しみも見つかり、余裕も出てきたころ、私も一人の女として処女を捨てたい……そんな気持ちが沸々と沸き上がったんです。

中学や高校で処女を失うような小娘とは違い、医学的知識に精通した二十七の女のロストヴァージンは、結構どきどきものでした。でも、やはり知識と実践は違うものなんですね。私、友人に紹介された男性と初めて一夜を共にしたとき、セックスというもののもたらす例えようもない快感に、すっかり酔いしれてしまいました。

二十七年間知らずにいたセックスの快楽が、こんなに強烈なものだったなんて。私、そのときばかりはつくづく自分の青春時代を後悔しました。

でもいくら後悔しても、受験に費やした青春は帰ってはきません。その腹いせをするように、私はプライベートの休日のほとんどを、男性とのセックスに明け暮れるほどのドスケベ女医になってしまったんです。

中でも私が虜《とりこ》になったのが、肛門性交、いわゆるアナルセックスでした。でも、医師という立場上、私もそういう行為自体は知っていました。でも、医療事例として耳にするアナルセックスというのは、ちっともいいイメージがないんです。たとえば直腸壁や括約筋の裂傷、傷ついた粘膜からの細菌感染。異物挿入プレイによるトラブルなんてのもそうです。バイブレーターや野菜を突っ込んで出てこなくなってしまったというのは、ほんの序の口。

中には挿入した電球が膣内で割れてしまったり、コンドームに押し込んだハムスターを膣に挿入したり……衛生観念に乏しい人間が考えることといったら、ろくなものじゃありません。あきれ果てるばかりです。

でも、そういうトラブルはすべて、無知が引き起こすもの。

きちんとした衛生観念とマナーさえ守れば、アナルセックスほど気持ちよいプレイはないんじゃないか、と私は密かに思っています。個人的には、ヴァギナ結合よりも強烈なエタスタシーを与えてくれると思うほどです。

　私は出会ったセックスフレンドすべてに、正しいアナルセックスについてレクチャーしています。男性はみんな、医師としての私を尊敬してくれていますから、けっして無茶なプレイはせずに、正しい手順で私とのアナルセックスを楽しむのです。

　最初はアナルという部位に抵抗を示し、「オレはオマ×コでいいよ」と二の足を踏んでいた男性も、一度体験すれば、その心地よさに一発で昇天してしまいます。そして次に会うときからは、必ずといっていいほど、私のお尻を求めてくるんです。

（さて、そろそろお誘いしちゃおうかな）

　仕事に疲れてくると、私はそんなことばかり考えるようになります。手塩にかけて育てた一人娘に複数のセックスフレンドがいるなんてこと、もちろん父は知りません。もう私もいい大人なんだもの、秘密の一つや二つあってもいいですよね？　ちなみにいまおつきあいしているセックスフレンドの方はみんな、インターネットの出会い系サイトで知り合った人たちばかり。インターネットだと自宅性格、どこに住んでるかなんていうことも確認しやすいから、好みの相手を見つけるのに便利なの。

だから私からのお誘いももっぱらメールで。私は休暇の取れそうな日……そうね、大抵は大きなオペのあった翌日とか指定して、「この日に都合のつく人は集まってください」ってメールを送るんです。

みんなそれぞれきちんとした職に就いている方たちばかりだから、中には来れない人もいます。でもみんな、結構無理してでも誘いに乗ってくれているみたい。なかでもフリーのデザイナーをしている中山《なかやま》さんとおっしゃる方は、私たちの幹事みたいな役をいつも買って出てくれて、セックスパーティー用にキープしてあるマンションの掃除とか、暇にまかせてしてくれたりするんです。

まだ三十代前半だと思うんだけど、顔は髭ぼうぼう。「いやあ、アイデアに詰まるとここに来て、掃除して帰るんだよ」って、にこにこしてる、なんだかとっても変わった方です。

その日、八時間続いたオペがようやく終わり、骨の髄まで疲労が染み込んだ私は、中山さんをはじめ、四人の男性が待つマンションに向かいました。いつもの（ときには仕事場の！）パソコンから手軽にアクセスできるし、相手の趣味やように、掃除の行き届いた部屋の中央には、簡単な料理とお酒が並べられて、みんな私の帰りを首を長くして待っていました。

「冴子《さえこ》ちゃん、お疲れさまー。ささ、駆けつけ一杯召し上がれ」

中山さんからグラスを受け取った私は、なみなみと注がれたワインを一気に飲み干しました。ああ……アルコールが指の先まで染み込んでいくみたいだわ。長時間のオペで憔悴《しょうすい》しきった神経が解きほぐされていくのがわかります。

でも、そのくせ頭が妙に冴えてしまっているのよね。疲れ切っているはずなのに、このままじゃ一睡もできないの。その前に男性の逞しいものでみっちりいたぶられないと、ダメなんです。

「今夜もたっぷりサービスしてあげるよ」

と、背後から私を抱きしめるのは宝石商の西山《にしやま》さん。四十にさしかかったばかりだけど、独り身ですごい精力の持ち主です。西山さんが後ろから私のコートを脱がせているると、正面からブラウスのボタンをはずしにかかるのが、バツイチ商社マンの安倍《あべ》さん。そして下半身にしがみついて、じれったそうにスカートとストッキングを脱がしにかかるのは、大の足フェチの渡辺《わたなべ》さんです。

私はバッグを中山さんに手渡して、彼以外の三人の男性に身を委《ゆだ》ねます。西山さんたちは思い思いに私の衣服をはぎ取って、アッという間に私を全裸にしてしまい、担ぎ上げるようにベッドにほおり投げるんです。

「じゃあ私はあとでね……」

と、ここで中山さんはなぜか部屋を出ていってしまうのです。なぜか彼だけはこの集団セックスに参加せず、最後の最後に一人で「あること」を楽しむのが趣味なのです。まあ、それは最後に。

「あんっ……もう、みんなせっかちさんなんだからぁ」

口ではそう言いながらも、私もずっと待ちわびてたから、少々乱暴にされたって平気です。ただし、アナル素人がするようなマナー違反は御法度。まず肛門はたっぷりと時間をかけて揉みほぐさないとダメ。もともとそこは「出る」ところなんだから、急にものを挿入すると反射作用で縮こまってしまいます。無理に指を突っ込んだだけでも裂けちゃうの。

「じゃ、今夜は私の番ですよね」

よくわからないんだけど、男の方たちの間では、アナルへのアプローチの順番がちゃんと決まっているみたい。舌なめずりする西山さんがアナルを舐めやすいように、安倍さん、渡辺さんが私の足首を両側からつかんで、大股開きさせせました。

「おうおう、いつ見てもかわいらしい尻穴だなあ」

ふきふきふきふき……ひんやりしたウェットティッシュの感触に私は腰を震わせました。濡れティッシュで外側を綺麗に拭ってから、今度は西山さんの舌がアナルの肉をつんつんと刺激しはじめる。

「あぁーん……ぞくぞくしちゃうぅ」

彼の舌はツンツンからくにくにへ、唇でアナルの肉をくわえ込むようにもみほぐしはじめる。唇からこぼれた唾液がぴちょぴちょ音を立てて、私の肛門にまとわりつくのがわかります。ああっ、恥ずかしいわぁ。

ぴちゃぴちゃ。じゅるじゅる。くにくに。つんつんつん……。

舌や唇だけじゃなく、顔全体を埋め込むようにして、西山さんは私のアナルをすっかり揉みほぐしてくれました。微妙な刺激に晒《さら》されたそこは、じーんと軽く痺れているようです。ころあいと見て、西山さんが両脇の二人に何かささやきました。

「冷たいといけないと思って、少しお湯に漬けておいたよ」

安倍さんが取り出したのはチューブ入りの潤滑用ゼリー。俗にラブゼリーと呼ばれている無味無臭の粘液です。これをたっぷりとアナルに塗りつける男性の指。

西山さんの舌で揉みほぐされた肛門のお肉にゼリーがまとわりついて、ぬるっと指先が入ってくるくらいリラックスしてきました。

「次は私たちですね」

と、両側から手を伸ばしてきた安倍さんと渡辺さんの指が、敏感になってきたアナルをこちょこちょいじくりはじめます。思わず「うぅー」って声が洩れちゃう。

もちろんこれは気持ちいい声。時間をかけてほぐせば、肛門の括約筋は思った以上に伸びるものなんですよ。だってほら、便秘の治療をしたときなんか、びっくりするような便が出ること、あるじゃないですか。

医師としてあまりオススメはできませんが、アナルフィストファックといって、拳を肛門に突っ込むプレイもあるほどですから。

いうまでもなく彼らはそんな無茶はしません。でもハアハアと息を荒げながら、十本もの指が私の恥ずかしい肛門をくすぐり、一本から二本、そして三本四本と指を挿入し、アナルを拡張していくのです。

「あくぅー……お、お尻の穴が、開いちゃうぅ」

ああ、もう、四本の指で開かれた直腸に外気が触れて、なんだか変な気分。しかもその奥の奥まで男性の視線に晒されているかと思うと、ただ単に性器を見られるよりも数倍恥ずかしいです。

「冴子ちゃんのケツの穴が丸見えだ……じゃあまずお味見するかな」

ぎしっ、とベッドを軋《きし》ませて、西山さんが私のアナルに顔を近づけてきます。私の位置からは、舌を突き出した西山さんの顔しか見えません。ああでも、二人の男性によって広げられた私のお尻の穴に、その尖らせた舌をさし込むつもりなのです。

にゅる……。

明らかに指とは違う肉の感触に、私は「ああ」と呻きました。深く潜り込んだ舌が、直腸の内側を舐めるのがわかります。そして間髪を入れず、大きな音を立てて肛門を啜《すす》り上げるの。私は一気に高まった便意を必死に抑え、泣きそうな顔で両脇の男性二人にしがみついたの。

「んぶぅ……おふ、おふうぅ」

全然聞き取れない声で呻く西山さん。でもとっても嬉しそうに、アナルにねじ込んだ舌をしつこく動かして、粘っこい唾液とラブゼリーで私の肛門肉をメロメロにしました。

「ああっ、西山さぁん……し、痺れちゃうぅ」

「そのねちっこい責めはさすがですねえ。ほら、冴子ちゃんったら、オマ×コをもうこんなにしてますよ」

「あひっ……だ、だめぇん！」

肛門に舌を突っ込まれて喘ぐ私を愉快そうに見下ろし、渡辺さんの手が私の性器に伸びてきました。私は赤ちゃんが放尿するような姿勢で両脇から抱え込まれているから、もちろんヴァギナは全開状態。

アナルほぐしで敏感になっていた私のヴァギナからは、性的興奮を示す体液が大量に分泌されていたの。びしょ濡れなのは見てすぐわかるほどだから、渡辺さんはまるで泥地に手を突っ込むみたいに無造作に、人差し指と中指をずぶりと突き立てたんです。それも、いきなり第二関節まで。

「あうっ、あうあう、はうぅうう！」

「うーん、どれどれ……ああ、直腸はこの辺ですよね、ドクター？　西山さんのベロはどこかなあ」

ああひどい、今度は根元までずっぽり挿入しちゃって。そのうえお尻のほうに向けてぐりぐり指でヴァギナをかきまわすんです。

「ああ、あああ、あはぁああっ！」

「私にも握らせてくださいよ……冴ちゃんのアナルもオマ×コも一つずつしかないんですから、みんな平等に味わわないとね」

「やあ、すみません、つい……。ほら、膣の下のほうを指の腹で押してみてごらんなさい。会陰部あたりに西山さんの鼻が当たってるでしょう？」

「うん、なるほど……さすがに舌が入ってるところまではわからないなあ」

そうやって渡辺さんと安倍さんがぐちゃぐちゃとヴァギナをかきまわし、私から絶叫に近い喘ぎ声を絞り出している間、お尻の間に顔を埋めた西山さんは、一心不乱にねじ込んだ舌でアナルを責め立てていました。

「ひあっ、ひっ、きひいい……い、イッちゃうぅ」

いくらアナル好きといっても、そんなに激しくヴァギナをかきまわされては、さすがの私もたまりません。もともとアナルで得られる快感はヴァギナとはまるで別物ですし、とても長い時間をかけて盛り上げていくものなの。だから……ああっ、もう、

「ひきっ……いあぁぁあああーっ！」

ぱぁーっと目の前が真っ白になり、稲妻のような衝撃が腰から背骨を駆け上り

ました。

その夜最初のエクスタシーにがくがくと痙攣する私のお尻から、西山さんがはじき出されたように顔を上げ、大きく息をつきました。

「ふぅう……いつもにも増して芳《かんば》しい味と香りだったよ」

私はエクスタシーの余韻でぐったりとなりながら、ラブゼリーでべっとべとになった西山さんを見上げました。その両側では、渡辺さんと安倍さんがにやにやしながら指を拭い、それから服を脱ぎはじめました。西山さんは少し休憩。シャワーを浴びにいきます。

「さあ、お待ちかねだよ、冴子ちゃん」

安倍さんの太い腕が、ぐいっと私の腰をつかんで抱き寄せました。手足に力の入らない私を、まるで人形のように自在に弄《もてあそ》び、私はベッドの端にお尻を向ける形で四つん這いにされました。お尻が頭よりも高く掲げられ、私は両手で自分のお尻を広げるように言われました。

「うんうん、いい具合になってるよ、ここ」

「あっ」

ぶにゅっと安倍さんの指が、すんなり私のアナルに入ってきました。じわぁっと広がってゆくアナル感覚。

「じゃあ……入れるよ。冴子ちゃんの大好きなチ×ボコを、お尻の穴に突っ込んじゃうからね。リラックスするんだよ」

「は、はい……」

そう、アナルセックスで大事なのはこのリラックスというところ。私は大きく長く息をしながら、お尻の力を抜きます。気持ちとしては排泄するときのような気分でいたほうがいいほどです。

そして安倍さんは新しいラブゼリーをたっぷりとなすりつけたペニスを、ゆっくりと私の肛門に押し込んできました。

「あっ……あぁ……は、いって、くるぅー」

とりあえず先端が呑み込まれるくらいまで挿入を深めて、そこでいったん小休止。この辺の呼吸はお互いにわかり合っているから、安倍さんも焦ったりしないで、優しく私の背中を撫でてくれたりします。

「はぁー……はぁあー……」

私の呼吸が整ったのを見計らって、安倍さんがあらためて私の腰をつかむ。あっ、いよいよここからがアナルセックスの醍醐味です。「くっ、くっ」とリズムを取りながら、それでもけっして無茶をしない程度の力で、熱くてたくましいペニスが私の直腸にずぶずぶとめり込んできました。

さすがに引き延ばされた括約筋が少し痛いですが、我慢できないほどではありません。それよりも、ペニスの先端が直腸壁を擦る感触が、何ともいえず気持ちいいの。

「はぁあ……いい、いいわぁ……お尻の中、内側からくすぐられてるぅ」

「まだまだ入っちゃうよ。深いとこがいいんでしょ」

めりっ……いつも最初に入れられるときはそうなんですが、「えっ、まだ入ってくるの?」っていうくらいまでいかないと、男性を全部は呑み込めないんです。だって、そこには当然、先客（つまり便ですね）がいるんだもの。

子犬のような声で切なく喘ぐ私の肛門を、安倍さんはさらに深く犯します。

「うんっ……さあ、全部根元まで入っちゃったよ」

「ああー……う、ウンチしたくなっちゃう……」

「そりゃそうだよ、ウンチよりも硬くて太いものが、入っちゃってるんだから。しかもこのまま、かきまわしちゃうぞ!」

「あきゃあっ!　うあんっ、うあああ」

私のアナルを完全征服した安倍さんは、その最深挿入の姿勢で腰をぐりぐり回転させはじめました。こうすると括約筋に負担をかけずに、しかも直腸の感触を味わえるのでとてもいいのです。

「ああう、はうっ、はくぅうう」

文字どおりお腹の中をかきまわされる感覚に、私はシーツに突っ伏してぴくぴく震えました。そんな私の反応に興奮したのか、安倍さんはますます腰の動きを速め、次第に前後のピストン運動もくわえはじめたの。

(あっ、やだ……少し激しすぎるわ。あっ、あっ)

徐々に満ちてゆく潮のように高まってゆくアナル感覚に身を委ねながらも、私は少し我に返り、後ろ手に安倍さんの太股をきゅっとつかみました。

「うおっ……ああ、ダメだ、で、出るっ……！」

びくっ、びくっ、ぴくうっ！　獣のような腰の動きが一瞬で静止し、安倍さんは私の中で果てました。ああ、よかった。

あんなに猛烈な動きだと、直腸の粘膜が傷つくこともあるんですもの。直腸ってヴァギナよりも繊細な器官なんですよ。

「ああー……よかったよ、冴子ちゃん。ボクの太股に爪なんて立てるから、興奮してしまったよ」

と、ペニスを抜きながら安倍さんは言いました。あら、私は「もう少し優しくして」っていうつもりだったのに、思わぬ効果を発揮したようです。これってまたどこかで使えるかもね？　たっぷりと精液を出して満足した安倍さんに変わって、今度は渡辺さん。渡辺さんは足フェチだから、何はともあれ私の足を隅々まで舐めてくれるんです。安倍さんがティッシュでアナルを清めてくれている間中、私の足の指まで舐めてくれるんだから。

（こういうの、実は女は弱いのよね）

激しくヴァギナやアナルを責めてくれるのも快感だけど、足の指を舐められるのって実は結構感動するものです。男性が足の指一本一本を口に含んで、とっても愛おしそうにぺちゃぺちゃ舐めてくれているのを見ると、それだけで快感が高まるようです。

「ねえ、今日はドクター冴子になってくれない？」

と、言いだした渡辺さん。私の職業を知っている彼らは、ときどきこんな注文をしてくるのです。仕方ないなあ、と笑いながら私は予備の白衣を取りだし、それを全裸の上にはおります。そして、渡辺さんをベッドに寝かしつけて、そそりたったペニスをきゅっとつかんであげるの。

「相当重傷ですわね、渡辺さん……あなたみたいな変態は、もう完治の見込みはありませんわ」

なんて言いながら、渡辺さんのペニスを激しくしごく私。ちょっとイメクラみたいだけど、私は本職なんだから、それだけで男のほうは興奮するようなのです。

「先生、先生のアナルと結合すれば、あるいはひょっとして」

「ふん……できるものならやってみなさいな」

冷酷な女医になりきった（というか、女医なんですが）私は、ぷいっと背を向ける。渡辺さんは「うおーっ」と大げさな声を上げて、背後から私に襲いかかるの。

「ああっ！　いやっ、いやぁんっ」

私の足をぺろぺろ舐めていたときの優しさはどこへやら、渡辺さんは私を床に引き倒し、白衣の裾を大きく広げ、足首をつかみ上げます。露《あらわ》になったヴァギナとアナルを目の当たりにして、さらに興奮した渡辺さんは私の腰を抱え込み、激しくアナルに挿入しながら、白衣の肩にがぶりとかみついてくるのです。

「ああっ！　い、痛い、いたいです！」

「くそっ、くそっ！　この生意気な女医め……お前の肛門を滅茶苦茶に汚してやるぞ」

「はぁあん、め、滅茶苦茶に……してぇえん！」

思わず叫んでしまった私に、男性たちはますます興奮したみたいでした。

（ああ……結局またこうなるのねぇ）

渡辺さんのペニスをアナルにぶち込まれながら、私はちょっぴり自己嫌悪。衛生観念がどうとか言っていたわりには、私、興奮してくると、そんなことどうでもよくなってしまって、とにかく滅茶苦茶にアナルを犯されて、逆流するほどたっぷりと精液を流しこんでもらいたくなるんです。

「このっ！　このおっ！　うおお、ケツの締まりが……」

「ああっ、もっと突いてっ、お尻壊れちゃうほど突きまくってちょうだいっ」

もう白衣はくしゃくしゃに乱れて、それでも体にまとわりついているところが何とも言えず被虐的な気分。

「おお、やってるね」

と途中参戦した西山さんは、すかさず私のお口にペニスをねじ込んでくる。安倍さんはにやにやしながら白衣の胸に手を差し入れて、私のオッパイを揉みまくるの。

まるで勤務中に患者さんに襲われて、レイプされているような気分になって、私は髪を振り乱して乱れました。

そこから先はもうめちゃめちゃ……私は三人の男性に主にアナルを代わる代わる犯され、ときおり失神と覚醒を繰り返しながら、さらに激しくなぶられました。私の肛門の感触がよほどいいのか、みんなヴァギナではなくお尻に入れたがります。

「ケツの味を覚えたら、マ×コなんて頼りないよ。でも、こうするのはまた違った感じでいいけどな」

と、西山さんは持参した極太のバイブレーターを私のヴァギナに挿入しました。そして振動を最強にして、それからアナルにペニスをねじ込んでくるのです。そのうえ、白衣の上から、紐でぐるぐる縛られたりして。

「これで立ったままするると最高だよ」

私はがくがくと膝を震わせながら、無理やり立たされます。よろめきそうになるところをすかさず安倍さんに支えられ、ピストンの洗礼を受けるのです。前にバイブ、後ろにペニスを突っ込まれ、涎を垂れ流して悶《もだ》える白衣の女医……そんな自分の姿を想像しただけで、また私はエクスタシーに達してしまうのです。

「ああっ……ま、またいくっ、つっ、続けてイッちゃう……！」

そうして私と三人の男性は、完全に体力を消耗し、疲れ切って眠ってしまうまで、この淫らなアナルセックスパーティーを夜通しつづけるのです……。

そうそう、書き忘れていましたっけ。

そう、パーティーがはじまると同時に姿を消した、幹事こと中山さんのこと。

実は彼、ほかの男性と同じく私のアナルが大好きなんだけど、それにくわえてある変わった趣味をお持ちなのだそうです。なんでも、死体みたいに何の反応も示さない女性の肛門を一人こっそりと犯すのが、たまらなくいいんですって。

だから彼が帰ってくるのは、私たちが精根尽き果てて眠っている深夜遅くなんです。汗と体液の臭いでむっとする部屋の中央で、私と三人の男性は寝入っています。

どんなに揺すぶられても起きない私の、ザーメンまみれのアナルに挿入すると、何回イッても止まらないくらいに興奮するそうです。もちろん彼がどんなに激しくピストンしても、私は声一つ上げません。

初めてその最中に目を覚ましたとき、中山さんはふさふさのついた尻尾みたいなバイブで、私のアナルをいじくっていました。あとでその話を聞いた私は、要望どおり「マグロ」になってあげましたが……なんか変な気分でした。

（反応しない女のアナルがいいなんて……世の中変わった人がいるのねえ）

これって、私が言うべき言葉じゃないんでしょうか？

欲求不満人妻たちと男が入り乱れる集いでこともあろうに同性にイカされた私……

鏑木明子　主婦・二十五歳

私、結婚してから初めて思い知ったんですけど、男の人ってどうして子どもができると奥さんを「お母さん」にしたがるんでしょう？

そりゃあ子どもをかわいがってくれるのは嬉しいですけど、だからって少し前まで名前で呼んでくれていたのに、いまは私のことを「ママ」としか呼んでくれなくなったし、夜の生活だって全然です。

子どもが夜泣きするような時期ならまだしも、うちの子ももう幼稚園児。それなりに手のかからなくなってきたころです。それなのに妻を抱きたがらないなんて……はっきりいって怠慢だと私、思うんです。

私なんてまだ二十代半ばだし、まだまだいけるはずなのに、夫にそんな態度をとられちゃったら、女としての自信も揺らぐというものです。

そんなある日でした、ご近所の奥さんグループに誘われたのは……。

「ねえ、明日、子どもを園に送り出したら、あなたもいらっしゃいよ」

そう持ちかけてきたのは、幼稚園仲間の川須《かわす》さんでした。前々から私が鬱屈《うつくつ》をため込んでいたのを知っていた川須さんは、子どもを園に送り届けたあと、その足で私をある家に連れていってくれました。

そこはご近所でも一際目立つ豪邸で、なにかと評判になりやすい石原《いしはら》さんのお宅でした。

「鏑木《かぶらぎ》さんね、川須さんからうかがってるわ。おくつろぎになって」

石原さんの奥さんは、住まいに似合ったとても上品な女性で、年は三十代後半くらいに見えましたが、成熟した色気を持った美人でした。見るからに高価そうな調度品で飾られた居間には、私を含めて全部で五人の奥さんたちがいます。

私と同じくらいの人だけでなく、石原さんのお友だちのような上品なマダム、かと思えば派手目の化粧をしたヤンママ風の二十歳そこそこの女性もいました。

「ねえ、早く始めようよ。今日はだれの番？」

不意にそのヤンママ風の静香《しずか》さんが言いだして、私はドキリとしました。いまさらですが、ここでみんなが集まってなにをするのか、はっきり聞いていなかったのです。すると石原さんはチラシを持ってきて、私にある番号にかけるように言ったのです。

「あ、あの……これってもしかして」

家に引きこもりがちな主婦にでも、その番号が記されているチラシがなんなのか、すぐにわかりました。いわゆるテレクラ……それも「退屈を持てあましがちな奥さま専用」などと書いてあるのです。まさかとは思いましたが、その場の雰囲気から断りきれず、私は初めてテレクラに電話をしたのです。

「はいっ、もしもし？」

呼び出し音が鳴るか鳴らないかという感じで、すぐさま相手の人が出てきました。私が何を言ってよいのかわからずおろおろしていると、電話口の向こうの男性はとても親切な口調で「名前は？」「年はいくつ？」「いまどうしてたの？」などと尋ねてくるのです。

「えっ、あの……二十五歳、です。いまは……その、お友だちと、あの」

しどろもどろになる私はよほど泣き出しそうな顔をしていたのでしょう。茶髪の静香さんがにっこり笑って、受話器を受け取ってくれました。

「あっ、代わりましたー。うん……そうよ、まだ彼女こういうのに慣れてなくって。あっ、やだー、前にも会ったことある人なの？　じゃあ話は早いよね。そう、場所は同じ。できればお友だちも連れてきてくれるとうれしいんだけどな」

なんだかわからないうちに静香さんは電話の相手と話をまとめたらしく、電話を切りました。まさか……とは思いましたが、どうやら石原さんたちが何をするつもりなのかがようやく私にもわかりました。

噂に聞いたことはありましたが、暇を持てあました人妻がテレクラで男をひっかけて、真っ昼間から淫らな行為に耽《ふけ》る……でもまさか自分がそんな現場に居合わせるなんて、夢にも思いませんでした。

帰ろうかしら……当然ながら私はそう思いました。

いくら夫に省《かえり》みられていないからって、見ず知らずの男の人とそんな……でも、私以外の奥さんたちは和気あいあいとどんな男性が今日は来るんだろうと、楽しげに語らっているのです。

「鏑木さん、騙されたと思ってちょっと参加してごらんになったら？」

あくまでも上品な石原さんの口振りに、私は思わず頷いていました。

静香さんが電話を切って三十分もしないうちに、玄関のドアチャイムが鳴る音がしました。さすが石原さんのような邸宅のチャイムはその音色までどこか上品です。私がつまらないことに感心していると、川須さんともう一人の人が玄関に向かい、三人の男性を迎え入れたのです。

年のころは……二十代後半、私とたいして変わりないように見えましたが、一見してフツーの勤め人には見えず、遊び慣れているといった雰囲気の男性たちでした。

「また会えて嬉しいですね、マダム」

銀縁の眼鏡をかけた一番若い男性が石原さんに近づくと、芝居がかった仕草でその白い手を取って口づけをしました。どうしていいのかわからず、私はただソファに座って成り行きを眺めていました。すると川須さんがさっとキッチンに向かって飲み物の準備をしています。私がそれを手伝いにいこうとすると、その手を静香さんが押さえるのです。

「いいって、お初の人はそんなに気をつかわなくて。そのうちになんとなく当番でするようになるから。それよりも、楽しみましょうよ」

そんなものかしら……とふと石原さんのほうを見た私は、「あっ」と息を呑みました。

あの眼鏡の青年と石原さんが、早くもソファの上で唇を重ねて、愛おしげに濃厚なキスをしているのです。それぱかりか青年の手は大きめに開いた石原さんのドレスの胸元にすべり込んで、妖しげに蠢いているのです。

（い、いきなりこんな……本当に真っ昼間からこんな破廉恥な）

非現実感に呆然《ぼうぜん》とする私の戸惑いぶりが面白いのか、静香さんは私の隣にちょこんと腰かけると、体格のいいもう一人の青年に声をかけて、私を挟むようにソファに座らせました。

「あっ、自己紹介がまだだったねー。あたし静香。息子は来年から園なんだけど、いまは、へへ、実家に預けてんの」

と屈託なく言う茶髪の静香さん。青年は小松《こまつ》と名乗り、ずいぶんと二の腕の太い筋肉質の体をしていました。

「じゃあ、始めようよ、時間がもったいないから」

そう言うと静香さんは、いきなりワンピースを脱ぎ捨て、半裸姿になったのです。ぎょっと息を呑む私の目の前で、さらにブラもはずすと、小松という青年の手を取って、自分の胸に重ねました。

「ふふっ、どう？　ついこの間まで息子にオッパイあげてたのよ。結構ボリュームが残ってるでしょ」

「ぷりぷりしていい揉み心地です……オレ、ここの話を聞いて、一度来てみたかったんです」

彼は息を荒げながら、私の目の前で静香さんの乳房を荒々しく揉みました。ずいぶん力を入れて痛そうでしたが、静香さんは子どものようにはしゃいで、悩ましく体を揺らすのです。

驚いて私は咄嗟に席を立とうとしましたが、二人に挟まれているので、その場をはなれることもできません。

「うーん……いい気持ちぃ……鏑木さんだっけ？　あなたも早く脱いだら？」

「えっ、で、でも、私は」

「いい年してハズカシがっちゃってぇ。なら、服着たままでいいのね。ほら、あんたはそっちから。一人で二人の女くらい相手できなくちゃダメだぞ」

静香さんは男に乳房をもませながら、私の胸に手を伸ばしてきました。その手を振り払おうとした途端、反対側からは小松くんの手が伸びてきていました。

「あっ……ああっ？」

衣服の上からとはいえ、左右から二人がかりで乳房を揉まれた私は、驚きのあまり身をよじりました。その私の首筋に静香さんは唇を寄せ、「ほぅ……」と熱い吐息を吹きかけてくるのです。ぞくっ、と私は背筋に電気が走るのを感じました。

(どうしよう……このままじゃ……どうしよう?)

こんなつもりじゃなかったのに、ちょっとした気晴らしができるからって聞いていただけなのに……でも、後悔は何の役にも立ちませんでした。静香さんと小松くんは、初心《うぶ》な娘のように身をよじって恥じらう私を見て興奮したのか、唇と両手を私の全身に這わせてきたのです。

「……鏑木さんってかーわいい。もう脱がせちゃうから。あんたは下よ、パンストを破かないように気をつけて」

「あっ、いや、恥ずかしい……」

しかし、二人がかりに私の抵抗はささやかすぎるものでした。

私はアッという間に下着姿にされ、逞《たくま》しい小松くんの胸板に背後から抱きすくめられるような格好にされました。静香さんはくふふと笑って全裸になると、私に身を擦り寄せるようにして、おへそのあたりから舌を這わせ、ブラをまくり上げ、私の乳首を左右かわるがわる吸い上げたのです。

「ん……ん、あっ」

正直なところ、静香さんに乳首を吸われた瞬間は、言いようのない生理的嫌悪が走りました。私には同性愛趣味はありませんし、そんな願望を抱いたこともありません。でも、静香さんのキスはときについばむようにくすぐったく、ときに跡が残るほど強く吸い上げたりと、早く言えばびっくりするほどのテクニシャンだったのです。

それに負けじと小松くんの腕が私の太股や腰を何度も撫で、その無骨だけれど優しい手つきに、私はいつしかうっとりと二人の愛撫に身をまかせてしまっていたのです。

「うふっ……いいわよ鏑木さん。ここもずいぶん反応してきたみたいだし。どうする、あんた？　早速入れさせてもらう？」

静香さんの言葉に私はハッと我に返りました。ふと股間に手をやると、そこは彼女の言ったとおり、いますぐにでも男性自身を受け入れられるほどに濡れてしまっていました。私をソファに横たえた小松くんは、ぎこちなく頷きながら、服を脱ぎかけています。

子どもの胴まわりほどもある筋肉質の太股が露《あらわ》になり、トランクスの下から

「それ」が現れたとき、私は息を呑むほどにそれに見とれ、同時に人妻としての理性を取り戻したのでした。

（あ、あんな立派なものが……あんなに大きくなって……でも、このままだと私、とんでもないことをしでかしてしまうんじゃあ）

静香さんは私の表情に気づくと、「やれやれ」とでも言いたげな顔で肩をすくめました。そして床にしゃがみ込むと、おもむろに小松くんの股間のものに唇を寄せたのです。

「鏑木さん、まだこだわってるみたいね。あっちはもうあんなに盛り上がってるのに……いいわ、じゃあ先に私がお味見させてもらっちゃうから」

そう言うと、彼女はぱくりとそのいきり立ったペニスを口いっぱいに頬張ったのです。

「んぐ、んぐ」と喉を鳴らしそうな勢いで呑み込んでも、それはまだ半分以上も口にあまる大きなものでした。

「んっ、んん！　……んふぅ、ん」

「ああー……いいっす、気持ちいいです！　やっぱり来てよかったです！」

静香さんは片方の手を小松くんの股間にすべり込ませ、男性器の根元にぶら下がっている袋を手のひらでやわやわと揉みながら、頭を前後に動かしだしました。頬をいっぱいにすぼめて、ペニスを吸い上げるようにして口を引くと、「ずじゅじゅじゅーっ」と勢いよく息を吸い込むのです。

こんな積極的なフェラチオを見たのは初めてだった私は、すっかり仰天してしまいました。考えてみれば、私にとってフェラチオは夫に頼まれて仕方なくするもので、自分から男の人のおチ×チンを求めてむしゃぶりつくなんて、思いもしなかったのです。

「あふ……ん……いいわ、この匂い。ものすごく興奮しちゃう」

「あ、あの、オレ、もう静香さんの中に入れたいです」

静香さんのテクニックに翻弄《ほんろう》されたのか、小松くんはいまにも射精してしまいそうに顔を紅潮させていました。見るからに体育会系の彼は、一方的に女性に責められて発射してしまうのはいやだったのでしょう。

でも静香さんは彼を見上げると、陰茎を含んだままクツクツと笑いました。

「ん……ダメよ、甘くて濃い一番搾りはゴックンするのに限るのよ。二発目からは苦くて好きじゃないんだもん」

「あっ、あぁー、おぁあっ！」

そう言って静香さんはスイッチが切り替わったように、フェラチオのスピードを上げたのです。前後に唇で擦りたてたかと思うと、舌を根元から幹に這わせて真横からかぶりついたり。袋の中の玉らしきモノを口に含んで、きゅーっと吸い上げたときは、たまりかねた小松くんの腰がひくひく震えるのがはっきりとわかりました。

「お、オレ、出る……出ちゃうよ、あああっ」

「いいわ、全部呑んであげるから、いっぱい出してね。その後であたしのオマ×コでぱっくんしてあげるから」

静香さんは口をペニスの先にかぶせると、手を根元に添え、激しく動かし始めました。口の中では舌が縦横無尽に動いて、小松くんのモノを責め立てているようです。彼は敗北を悟ったのか、泣きそうな顔で分厚い手を静香さんの後頭部に当てています。

「んっ……！」

びくっ、びくっ、と小松くんの腰が震え、静香さんの口に大量の精液を発射したようでした。静香さんはほんの少し硬直していましたが、やがてその白い喉が動き、口内のザーメンを呑み込んでしまったようでした。

それでも最後まで搾り取ろうとするのか、ペニスの根元から手でしごいているのがなんともエロティックな光景でした。

「んー、おいし。やっぱり体力のありあまってる男のザーメンは、濃くて呑みごたえが違うわぁ。鏑木さん、悪いけどこのままあたし、この子のこと食べちゃうわね。もうオマ×コに入れられたくて我慢できないの、いいでしょ?」

昼の端にこびりついた精液の雫を見せつける静香さんのほうから、私は思わず目をそらしました。そういえば、ほかの人たちは……と川須さんたちを振り返った私は、また声を上げてしまいそうになりました。

私が静香さんたちに翻弄されている間、あとの人たちはただ黙ってそれを見ていたわけではないのです。それどころか私たちのことなどそっちのけで、女三人対男性二人で痴態を繰り広げていたのです。

私をここに誘った川須さんは、ソファに寝そべった男性と抱き合いながら、舌を絡めるような濃厚なキスをしています。その男性はほとんど全裸と言ってもおかしくない格好で、途中までズリ降ろされたブリーフに顔を埋めるようにして、もう一人の奥さんが男性のモノを口で愛撫しているようでした。

男性は全裸、川須さんたちも下着だけの半裸姿です。ブラの上から乳房を強く揉まれるたび、川須さんは見かけからは想像もできないようなエッチな声で悶《もだ》え、自分から胸を男性にすり寄せているようでした。

奔放そうに見える静香さんだけでなく、川須さんたちもこの昼下がりの淫らな遊戯を何の疑いもなく受け入れ、白昼の乱交に耽っていることに、私は少なからずショックを受けました。

「川須さん、あたし、先にしてもいい？　もう我慢できないの」

男性の股間から顔を上げた奥さんが、川須さんにねだるように言い、川須さんはキスをつづけながら頷きました。

フェラチオをしていた彼女は、待ちかねていたように下着を脱ぐと、お尻を男性に向けるようにして、そそり立った陰茎を後ろ手に握りました。そして器用に腰をくねらせると、「ああ……」とAV女優のような声を洩らしながら、その股間に男性のモノを呑み込んでいったのです。

「ああーん、入ってくるーっ、オマ×コの奥まで、すごいぃ」

（川須さんまで……この人たち、いつもこんなことをしているのかしら？）

ほんの少し前まで、何事もなく談笑していた奥さんたちが、テレクラで呼び出した男性を相手に自宅で乱交している……。

目の前で起きた事実とはいえ、私は下着姿のまま呆然としました。皆それぞれに幼い子どもがいたり、良妻で通っている奥さまたちばかりです。確かに退屈を持てあまし気味の主婦ですが、こんな破廉恥なことを昼間からするなんて。

（でも……ああ、なんだか見ているだけで私……）

確かにそれは異常な光景だったでしょう。

でも、彼女たちの表情には後ろめたいところなど微塵《みじん》もなく、テレクラで呼び出した男性と浮気をしているといった背徳感などは感じられませんでした。むしろ積極的に男性を求め、快楽を求め、いきいきとしているのです。

（そうだわ、石原さんは……）

私はこの乱交の舞台の提供者でもある石原さんに目を向けました。すると彼女は、あの銀縁眼鏡のスマートな男性に……なんとバックのスタイルで激しいエッチをしていました。後ろ向きにソファに座った石原さんの腰をつかんだ彼は、腰にエンジンでもついているようなリズミカルな動きで、ばすっ、ばすっ！　と石原さんを犯していました。

「ああ、いいわ。もっと下からすくい上げるように……そうよ、お上手」

「マダム、ああマダム！」

石原さんは真っ白なお尻とすらりと伸びた太股をさらけ出していましたが、服は着たままです。青年のほうはワイシャツ一枚をひっかけただけで、ひきしまったヒップがせわしなく動き、さぞ奥のほうまで石原さんのあそこをえぐっているだろうことがわかりました。

「ああもうダメです、マダムの中に、中に、射精してもいいですか？」

「まだよ、まだ……もっと突き上げて！　そう、ぎゅってねじ込むの、ああっ」

激しいピストンを受けて、悩ましい声をあげる石原さんは、日ごろ見せている上品な奥さま然とした物腰からは考えられないような姿です。

青年は一見、肉に飢えた獣が一方的に石原さんを貪っているように見えました。でも実際には彼のほうが石原さんに翻弄され、奉仕させられていたのです。その証拠にどこか余裕のある石原さんの声に比べ、彼の声はだんだんとか細く頼りなくなっていき、シャツはびっしょりとかいた汗で背中に張りついていたのです。

「すみませんっ、もうボク……ああっ」

あの気障《きざ》な青年はびくっと腰を震わせると、そのまま硬直しました。その痙攣ごとに、熱い男の飛沫《しぶき》が石原さんの膣深くに放出されているのでしょう。私は彼の精液が石原さんの子宮口にぶちまけられる様子を頭の中で思い描き、思わず体の奥が熱くなるのを感じてしまいました。

やがて彼は石原さんの腰から手を離すと、力尽きたようにその場に崩れ落ちました。ずるりと抜けた陰茎から、ほかほかと湯気が立ち上っているのが、なんとも生々しい光景でした。

「あらあら、いっぱい出しちゃったのね……しょうがない子。あら、鏑木さんはどうなさったの？　静香ちゃんに先を越されてしまったようね」

不意に石原さんに声をかけられ、私は言葉を失いました。背後では静香さんが「あんあん」とかわいい声で喘いでいるし、川須さんたちは彼女たちで、二人がかりで一人の人を責め立てて悶えています。

私がこの乱交の様子に圧倒されていることがわかったのでしょう、石原さんはくすっと品のいい笑みを浮かべ、かたわらの青年に声をかけました。眼鏡の彼はちょっと困惑したように「無理ですよ、まだボク……」などと言っていましたが、石原さんに耳打ちされるとにやりと笑い、二人して私に近づいてくるのです。

「あ、あの、わ、私はこんな……こんなつもりじゃ……」

「最初はだれでも戸惑うのよ。大丈夫、私にまかせなさい」

石原さんは裾を自分でまくり上げながら、私に近づいてきました。その手になにやら異様なモノが握られているのを見て、私はぎょっとしました。

「ああ、これ？　この子たちって悪戯《いたずら》っ子なの。おチ×チンに自信がないわけでもないでしょうに、こんなもので私たちを苛《いじ》めようとしていたのよ」

彼女の手に握られていたモノは、男性のモノをかたどった異様に長いアダルトグッズでした。それが三十センチ以上もある理由は、すぐにわかりました。石原さんはその肉色の棒の一端を自分の股間に差し込むと、私に見せつけるように二度、三度と疑似ペニスを股間に差し込んだのです。

「私はこんなモノよりも、本物の殿方のアレのほうがいいんだけど。彼、いっぱい出しちゃってすぐには回復しないんだそうよ。だから鏑木さんは、私が犯してあげるわ」

「ひっ……！　い、いや、やめてくだ……あっ？」

いつの間に私の背後にまわり込んでいたのか、さっき石原さんをさんざん犯していた彼が、私を床に押し倒したのです。あっけなく仰向けになった私の足首をつかむと、彼は私の足を大きく広げ、石原さんの目の前に私の大切な部分を丸見えにさせたのです。

「あら、かわいらしいオマ×コだわ。お子さん一人産んだくらいじゃ、ちっとも衰えないのね、若い人は……」

などと私の股間を眺める石原さんは、ズボリと股間からその肉色の棒を抜くと、ぬらぬらと精液にてかっているほうの先を、私のそこにあてがうのです。私は呆《あっ》気《け》にとられ、精一杯もがきましたが、彼女の手に握られたそれは容赦なく私の中に沈んでいきました。

「ああっ！　あ、いやぁ、いや……あああっ」

「あらあら、彼のザーメンを潤滑油にしようと思ったんだけど、その必要もないくらい、濡れちゃってるわよ」

石原さんはその肉棒を半分くらいまで私のオマ×コに挿入すると、反対側を自分の膣の中に押し込んでいきました。彼女が言い当てたとおり、目の前で信じられないような男女の絡み合いを見せつけられた私のそこは、作り物のペニスをねじ込まれただけで、快楽の悲鳴を上げたのです。

「ああ、いいわ！　こういうのもとても刺激的……私が本当に鏑木さんを犯しているみたいだわ。どう、気持ちいい？　私に犯されて感じるかしら？」

「あぁーっ、やめ、やめてくだ……ひっ、ひあぁあ……！」

石原さんが腰を振ると、私と彼女の間で疑似ペニスが蠢き、私はあられもなく悶え狂いました。絶え間なくうずいていた股間が蹂躙《じゅうりん》された悦び、そして女性にレイプされているような倒錯感が私を否応なく興奮させ、私はアッという間にエクスタシーに達したのです。

「あっ、い、いく……こんな、あっ……いっ、イク……っ！」

もちろん、白昼の乱交はそれで終わりではありませんでした。私たちは何度も相手を変え、ほんの五、六時間の間に数え切れないほどの痴態を繰り広げました。

最初は抵抗を感じていた私ですが、石原さんとディルドー（というのだそうです）で繋がったいまとなっては、恥ずかしさなど消し飛んでしまい、最後には三人の男性に同時に責められる様を、みんなに鑑賞されてしまいました。

後で聞いた話なのですが、この人妻の白昼乱交の集いは石原さんが言い出したことだそうです。石原さんは子どもがいなくて話し相手を求めているうちにテレクラにはまり、それを主婦仲間に話して仲間を増やしていったのだそうです。

私はいまではこの集いに夢中です。何かの都合で参加できないときは本当に残念に思います。このことが露見して、夫や息子たちに迷惑がかからない限りは、こんな楽しいことはずっと続けていきたい……そんなふうにさえ思うのです

イケメンの痴漢のことが忘れられず、自分からラブホへ誘い、その結果——

北島理子　OL・二十三歳

私が電車通学を始めるようになったのは、女子高に通うようになってから。だからいまから八年ぐらい前になるのかな？　いまは付属の短大を卒業して食品メーカーでOLをやってます。でも、仕事場が通っていた学校とそう変わらない場所にあるから、利用している通勤電車も乗る時間帯もほとんどいっしょ。それは別にいいんだけど、私はその間ずっと、それこそ何年間にも渡って毎朝のように痴漢されまくってるの。ホントなんですよ。

でも八年間って軽く言ったって、一日単位で数えてみたら信じられないくらいの数。もともとその路線は、痴漢が多いことであんまり評判よくなかったし。特に朝夕のラッシュのときは、男の二人に一人は痴漢なんじゃないかってぐらいヒドイ状況です。

中でも私は狙われやすいっていうのか、体が自然に痴漢を引きつけちゃうみたいなの。

自慢に聞こえるかもしれないけど、高校に入りたてのころからオッパイはかなりあったし、いまでは九十二もあるかなりの巨乳ちゃん。その割にルックスはロリっぽいから、それが痴漢の目にはおいしそうな獲物に見えるのかも。でなかったら、毎朝決まったようにオッパイやお尻に手が伸びてくるはずないし。

ま、確かに、どちらかと言えばセクシーっていうよりムチムチしたいやらしい体型っていう言葉がピッタリだと自分でも思ってるんですけどね。会社でも何かとあれば、胸元をジトーッといやらしい目で見られてること多いし。

もちろん最初のうちはイヤでしたよ。ま、あたりまえですよね。まだ十五かそのくらいの年だったから、どこかの知らないオジサンに駅に着くまでお尻とかモゾモゾ触られるのがイヤでイヤで……。

それだけならまだしも、中にはパンツの中にまで手を入れてきたり、いつの間にかスカートが白いドロドロしたものに汚されてたり。精液ってすぐに洗わないと乾いて跡に残っちゃうから、何枚スカートを買い替えたかわかりません。

それであんまりひどいから、乗る時間帯を早めたりしてみたけど全然ダメ。結局はどこに行っても痴漢はたくさんいるってわかっただけで、じっとガマンの電車通学の日々は続きました。

でも辛かったのは、そう長い月日じゃありませんでした。ハッキリ言っちゃえば、だんだん慣れて何ともなくなってきたの。もう痴漢したいんならすればって、開き直っちゃったんです。

たとえばいつものように、お尻のあたりで誰かの手がモゾモゾしてきたとしますよね。

以前のウブな私だったら、ああ、またか……って感じでウンザリしてたと思います。なんでこんな知らないオヤジなんかに、タダでお尻や胸を触られてなきゃいけないんだろうって。

でもいまの私には、痴漢されることなんか毎日の通勤途中の退屈しのぎみたいなもの。まぁ、それは言いすぎかもしれないけど、あんまり何年間も日常的に痴漢されてると、感覚がマヒしてきちゃうっていうか、それがあたりまえみたいなことに思えてきちゃって。あらあら、いらっしゃいみたいなそんな感じです。

だから逆に、二、三日痴漢されないと、あれっ、みんな私が乗ってるの気づかないのかなーって心配することもあるくらい。

別に痴漢されないならされないでそれに越したことはないのに、ひょっとして私の魅力も衰え始めたのかもって、妙なこと考えちゃったり。そう考えてみると、痴漢に慣れすぎるのも恐いなって改めて思います。

それに、痴漢のなかにもいるんです。上手い人が。一度すごくテクのある人に遭遇しちゃって、それ以来私はそっちのほうも期待するようになっちゃったみたい。

初めて感じさせられたのは高校生のころだったから、やっぱりもともとがスケベ体質だったのかな？　その人はパンツの中で指先をモゾモゾ動かして、それがクリちゃんを上手にいじり回してくるんです。私はだんだん頭の中がポワーッとしてきて、あんまり気持ちいいからその人にもたれかかって立ってるのもやっと。もちろんパンツの中はヌルヌルで、必死に声が出そうになるのもガマンして。オナニーも知らなかった私を性に目覚めさせてくれたのが、その痴漢さんだったんです。

ああ、痴漢されるってこんな気持ちいいんだ……そんな記憶と経験が、こんな私を生み出したんでしょうね。

ほかにも大胆でかなりのテクニックを持った痴漢とは、何度も遭遇してきました。たいていパンツの中にまで手を入れてくる人って、女を感じさせる自信があるからそこまでできるんですよね。

クリトリスとアソコを同時に責められ、クチュクチュと音が洩れてきたり、声を出したりイキそうになるのを何度もガマンさせられたこととか……体は気持ちいいけど辛いんです、あれって。たまらずに妙な声を出してしまったら、ハッと周りからジロジロ不審な目で見られてることも、二度や三度じゃなかったし。

そうそう、アナルの味を教えてくれたのも、どこの誰かも知らない痴漢のオジサンでした。

さすがに初めてお尻の穴をモゾモゾされたときにはビックリしました。でもかまわずに前と後ろの両方の穴に指を入れられちゃって、それから私は新たな性感帯を開発されちゃったんです。

そのときつきあっていた彼氏にはお尻はずっと拒《こば》んでいたのに、相手が痴漢だとおとなしく身をまかせちゃうから不思議ですよね。またなかには、図々しくもおち×ちんを直接アソコに押し当てて、電車内でセックスしようとする人さえいたんですから。

ここまで痴漢に寛容な私でも、ガマンならないのは、降りてもしつこくつきまとってくる人。ちょっとばかり電車の中でおとなしくしてたからって、軽い女に思われるのは逆にシャクなの。そういう場合は無視するかキッパリ拒むようにしてます。

でも、それとまったく逆のケースもあったんです。私から痴漢に声をかけちゃうっていう、ちょっと普通じゃ考えられない状況が。

ズバリ、私って男に関してはルックス第一主義。だからいい男だったら、痴漢だろうが誰だろうがそれだけでポーッときちゃうの。

その彼との出会いもまさにそのパターンでした。

夕方の混雑した電車の中で私に痴漢してきた、サラリーマン風の人。最初はわからなかったんだけど、その人の手の動きがだんだん怪しくなって、あっ、この人痴漢だって気づいたんです。

で、ちょっと顔を見上げてみたら、これがビックリするくらいいい男！　ズバリ反町《そりまち》クン似の、超カッコイイ人だったの。好みも好み、まさに大当たりってタイプのルックスじゃない。

その人のやり方は、私のお尻に手の甲を押し当てながら、電車の揺れにまかせてさりげなく撫で回すっていうやつでした。ま、手の甲で触ってたら痴漢にならないって話を鵜呑みにしてるんだろうけど、そんなことしても痴漢は痴漢なんだから。私だったら逆に、もっと堂々とすればいいのにって思うんだけどね。

ともかくその人も、私が痴漢されててもまったく無視してるタイプなのに気づいて、今度は手のひらで直接タッチしてきました。

そのときの私、内心はもう超ドキドキ。あーっ、どうしよう、こんなカッコイイ人に痴漢されるなんて……いつもは「まぁ少しぐらい触られても許してやるか」ぐらいの気持ちなのに、この彼に関してだけは、できればこのままずっと触られてたいって思ったぐらい。自分でも呆れちゃうけど、ホント、私って節操ないんですよね。

でもそんなカッコイイ人に痴漢される至福（？）のときも、私が降りる駅が近づいてくるにつれ、だんだん焦りに変わってきました。冗談じゃなく、ホントにこのままこの人と別れてしまうのが惜しかったんです。

どうしよう、もう電車が着いちゃう……そう考えたら、もう、いてもたってもいられなくなっちゃって。駅に停まってすぐ、私は彼の手をつかんでクイクイッと、一緒に降りましょうってサインを送ったんです。

一瞬、彼もビックリしたに違いありません。ひょっとしたら痴漢で警察に突き出されると焦ったかも。でも私の合図と、誘惑するような視線を送ってあげると、彼も誘われてるって気づいてくれたみたいです。

そのまま私と彼は、恋人みたいに腕を組んだまま電車を降りました。

まだお互い、一言も会話を交わしてません。でも私が行く方向に彼も黙ってついてきてくれるから、なんとか二人で落ち着いて歩ける通りまで出ることができました。

「ごめんなさい。こんなところまで連れてきちゃって。迷惑じゃなかった？」

「いや、でもビックリしたよ。まさかとは思ったけど、ひょっとしたらこのまま交番に連れていかれるのかもって心配だったから」

そんな冗談に、ちょっと吹き出しそうになっちゃった。思ったより気さくな人みたいだし、私たち、すぐに打ち解けた雰囲気になりました。

彼の名前は克也《かつや》さんといって、私より二つ年上。それとこれがビックリしたんだけど、小学校の先生なんだって。

「ホント？　先生なの？」

信じられない思いで聞き返してみたら、本当に私が名前を聞いたことがある小学校で、クラスを受け持ってるみたいなんです。

もう痴漢だってバレたからでしょうけど、克也さんは開き直ったみたいにいろいろ打ち明けてくれました。

どうしても仕事や私生活のことでストレスが溜まると、痴漢をして発散させてしまうこと。その反面、自分は教師なのに、なんてことをしてるんだろうって自己嫌悪してるってこと。

私はそれを歩きながら、「へー」とか「ふーん」といった感じで軽く聞き流していました。なんだか彼って、痴漢のわりにはすごく根がマジメで神経質っぽいタイプみたい。

だって先生だろうと誰だろうと、男だったら性欲を抑えきれないときがあるのは当然じゃない。でも先生という職業柄、やっぱり痴漢するときは相当にビクビクしながら気をつかってるみたい。教師っていうだけで、痴漢で捕まったらマスコミで大騒ぎなのは間違いないですからね。

そんなことより私が興味あったのは、これからどこでエッチしようかってこと。彼は降りる駅じゃなかったからあんまりこのあたりの地理に詳しくないみたい。

で、私はしっかりとラブホテル街に向かって彼を誘導してたの。

そしてラブホテルの前に来ると、一応「ここ入るけど、いい？」って聞きました。

「そりゃ、僕はいいけど……本当にいいの？」

克也さん、まだ信じられなかったみたい。痴漢した相手から逆ナンパ、しかも即ホテルに誘われたなんて、いくらこんないい男でも経験ないだろうし。

でもどんないい男でも、この私の誘惑を断れるようなマヌケな人はいません。もう私はすっかり彼と恋人気分。捕まえた獲物を逃がさないって感じでベタベタくっついたまま、ホテルの部屋に直行しました。

「君、いつもこんなふうに男を誘ってるの？　そんな感じには見えないんだけどなぁ」

「別にそんなことどうでもいいじゃん。さ、早くエッチしようよ。もう誰にも見つかる心配ないんだからぁ」

と、私はシャワーも浴びずに彼をベッドに誘いました。

そのまま私から押し倒す格好で、いきなりディープキス。それもこっちから舌を差し出してネトネト絡める、とびきりハードなやつ。

「ンムッ……」

この激しいキスに、彼も小さくうめきながら舌の動きで応えてくれました。私ってこうなると、もう自分から積極的にいくタイプ。だから今度は痴漢してくれたお返しとばかりに、キスしながらこっちから服を脱がせていました。

上着もシャツも脱がせてしまうと、けっこうガッシリした上半身をしていました。私、男の人の乳首を舐めるのも好きなんです。ちっちゃくてカワイイし、男でもけっこう気持ちいいみたいだし。

克也さんも私の乳首舐めに、けっこう感じてくれたみたい。それから私は調子に乗って、得意の舌技でいろんな部分を舐め回しました。おへそや腋の下、それにズボンと靴下を脱がせて足の指までチュパチュパしたり。

「そんなとこまで舐めてくれるの？　すごいね」

ってビックリしてたけど、でもパンツの中だけは最後のお楽しみにとっておいたの。克也さんはこんな回りくどい舌責めにじれったいみたいだけど、私はたっぷり気が済むまで舐めないと満足しないタイプだから。

「ねぇ、そろそろおち×ちん舐めてほしいんじゃない？」

答えなくても、最後に残ったパンツの盛り上がり具合で十分にわかってます。

テントのように張ったモッコリさんが、いまにも飛び出そうになってるし。きっとじらすだけじらされて、おち×ちんもカチカチになって待ってるんでしょうね。

「うわーっ、スゴい！」

パンツを脱がせると、思ったより大きなおち×ちんがピンとそそり立っていました。顔もいいうえにこんな立派なおち×ちん持ってるなんて、普通じゃ考えられない。やっぱり思い切って電車から引きずり降ろしただけの価値は十分にありました。

さっそく私、大好きなフェラチオを始めました。今度は回りくどいことはしないで、いきなりスッポリくわえて顔を大きく動かしたんです。

「うっ……！　ちょ、ちょっと待ってよ。いきなりそんな……」

克也さんのうろたえる声も無視して、フェラチオを続けました。

おち×ちんってそれぞれ味みたいなものがあって、克也さんのはちょっぴり塩辛いタイプ。舌で裏筋をベロベロしてあげると、お口の中で先っぽがピクンピクンと跳ね上がって、けっこう感じてくれてるみたい。

「ンッ、ンッ……」

おち×ちんをくわえて唇をしっかりすぼめたまま、ズポズポと音を立てて顔を上下に動かします。よだれがダラダラ溢れて、タマタマのほうに流れ落ちてるけどそんなのおかまいなし。風俗嬢にも負けないねちっこいフェラテクに、克也さんは私にされるがままといった感じで、腰をピクピク震わせてました。

「あーっ、もうダメだ！　あっ、出るっ！」

いきなりのことで、こっちもビックリしました。だって急に髪の毛をつかまれて、そのままおち×ちんの先っぽからドバッと精液が口の中に飛び出してきたから。

やっぱりじらしすぎたからかな？　こんなに早く射精するなんて思ってなかったから、口に出される準備もしてなかったし。口の中がドロドロした精液でいっぱいになって、それでもおち×ちんはビクビクと跳ねつづけてました。

「ンン……」

こうなったら口の中に全部絞り出して、飲んであげるしかありません。克也さんのザーメン、口から溢れそうになるくらいのたっぷりの量。それを全部手と口で吸い出して、ゴックン。それからもう一滴も残ってないってぐらいまでしゃぶりつづけていました。

「どう？　よかった？」

私が聞くと、満足した克也さんは子どもみたいに嬉しそうな顔で、ウンウンうなずいてくれました。

そんなに喜んでくれると、こっちも嬉しくなってきます。サービスにまた大きくなるまでフェラチオしてあげて、ついでにお尻の穴まで舐めてあげちゃいました。

でもたっぷり奉仕してあげたあとは、私も気持ちよくしてもらわないと。もう克也さんのおち×ちんはビンビンに回復していたけど、今度はバトンタッチして私の服を一枚一枚ていねいに脱がせてもらいました。

何度も自慢してるとおり、私の体はどこに行っても痴漢に狙われる特別ボリュームのあるスタイル。この巨乳も張りのある肉づきのいいお尻も、全部が男性を喜ばせるための武器です。

「どう？　私の体。そそるかしら」

すっ裸になった私は、これ見よがしに自慢のボディを彼に披露しました。思ったとおり、克也さんの目はこの巨乳やしっかり手入れのされた下半身のヘアに釘づけになっています。

「すごくいいスタイルだね……だから痴漢なんてしちゃったのかな」

「そうよ。もうコソコソ痴漢なんてしないでいいんだから、好きなようにしてね」

さっそく彼はオッパイに顔を埋めて、乳首にむしゃぶりついてきました。私のオッパイは動けば弾むといった感じで、大きさも触り心地も最高のはず。彼は柔らかく揉みしだきながら、じっくり感触を楽しんでいるみたいでした。

そしてもう一方の手は、アソコに伸びてきています。本当はかなりヘアは濃いんだけど、手入れは欠かしたことはありません。今日みたいなことがいつ起こるかわからないから。

「あんっ……」

彼の指が、クリトリスとアソコを同時にいじり始めました。これまで痴漢されまくってすっかり開発された私の体。もうそこはかなり濡れていて、彼の指もヌルッとあっさり受け入れてしまいました。

「ああん……ああっ、気持ちいい……」

乳首とアソコから、ジワジワと快感が伝わってきます。彼の指は中をクチュクチュとかき回しながら、クリトリスも揉み転がすように刺激してくれました。ますますアソコから愛液が溢れてきて、彼の指を濡らすのがわかります。ホント、こんないい男とこんなことできるなんて……私はうっとりと目を閉じて、この快感に浸りきっていました。
　そのまま私たちはお互い体を重ね合って、シックスナインの体勢をとっていました。おち×ちんを「ングッ、ングッ」とベロベロしていると、彼も指と舌でアソコをいじり回してくれます。私もおち×ちんをくわえながら息を荒くして、ますます燃え上がってきました。

　そしてたっぷりお互いの股間を舐め尽くすと、やっと克也さんが私の上に乗ってきてくれました。

　いよいよ克也さんのおち×ちんが入ってきます。私は胸をときめかせて、しっかり足を広げておち×ちんを受け入れる体勢をとりました。

「いい？　入れるよ」

　克也さんの体が私の上に重なってきます。と、アソコからもおち×ちんが入ってくる感覚が伝わってきました。そのまま彼は私を見つめながら、グッと腰を突き出してきました。

　するとおち×ちんが、ググーッと一気に入ってきたんです。

「あっ、ああー……！」

私の体に、とろけてしまいそうな快感が走り抜けました。しかもまだ全部入りきってなくて、さらに奥までググッと入り込んできたんです。

太くて硬いモノでそんなにアソコの奥までえぐられて、その刺激といったらすごく強烈。

何だかわからないけど、腰から下が痺れたようになってるんです。

「どう？　奥まで全部入ったよ。どんな感じ？」

「ああ……なんだかすごく気持ちいいから、信じられない……」

私の反応を見て、彼は余裕たっぷりにクイクイと小刻みに腰を動かし始めました。

「あっ、あっ、あっ、あっ」

それだけで、またビビッと電気のように快感が走り抜けるの。私ってこんなに敏感だったかなって、自分でも不思議なほど感じまくってました。

でもこれからがすごかったの。克也さんは人が変わったみたいに、巧みな腰使いでアソコの中をおち×ちんでかき回しました。

「あーっ！　あっ、いい……！　そこ、ああっ！」

おち×ちんのじらすようなゆっくりした動きと、急な激しいピストン運動。その繰り返しに、ますます私は悶《もだ》えまくりました。

「まだまだこれからが本番だからね。さっきのお返しに今度はこっちがメロメロにさせてあげるよ」

その言葉どおり、私は本当に体も頭もメロメロ状態にさせられたんです。髪の毛を振り乱し、シーツに爪を立て……そしてオッパイに自分から彼の手を導いて、ギュッと力強く揉みしだいてもらいました。

「もう、もうダメッ！　イクッ！」

いよいよガマンできなくなって、そう叫びました。実はずっと以前に、私がイク瞬間におち×ちんを抜かれて先に出されたことがあって、すごい物足りなさを味わったことがあるんです。だからそれ以来、イクときはしっかり相手の背中に手を回して、おち×ちんを抜かれないようにしています。たとえ中に出されても……私は克也さんと一緒にイク瞬間を味わいたくて、しっかり彼を抱き締めてました。

「イクッ……！」

私の頭の中が、真っ白になりました。体は電気が走ったように痺れて、ひたすら彼にしがみついておち×ちんを放しませんでした。

ふと気がつくと、私はかなり力を込めて背中にしがみついていたみたいでした。体はイッてしまった余韻で、まだ痺れが残っています。そしてアソコの中では、まだ硬さを保ったままのおち×ちんが入ったままでした。

「スゴイね。本当にイッたの?」

「うん……まだ頭がボーッとしてるみたい」

どうやらイッてしまったのは私だけで、彼はなんとかこらえてくれたみたい。でも、最後の瞬間はあまりにも締めつけてくるから、このまま中で出そうになっちゃったと笑っていました。

「じゃあ、今度は違った体位で試してみようか。後ろ向きになってお尻を突き出して」

私は言われたとおり、四つん這いになってお尻を彼に向けました。メス猫みたいにお尻を突き出して、またおち×ちんが入ってくるのを待ちます。

「ああっ……!」

やっぱり正常位とバックでは、挿入される感覚がまるで違います。それにこの体勢、なんだかすごくいやらしいって感じがして好きなんです。

「あっ、うっ、うん……」

克也さんはお尻を両手で抱えて、リズムよくピストン運動してくれました。またジワジワと体が燃え上がってきます。シーツに顔を埋めて、再び湧き上がってきた快感に大きな声で喘ぎました。

「ううっ……！」

そして克也さんが、お尻から背中にかけて勢いよく精液を飛び散らせました。さすがに彼も、二度も続けて射精したらクタクタ……と思ったら、もう一度しようって言うんです。

「大丈夫。またフェラチオしてくれればすぐにたつから」

言われたとおりにしてあげると、本当にまた元のように大きくそそり立ってきたんです。ルックスも抜群ならおち×ちんの大きさも性欲も人並み以上。本当に私、すごい人を逆ナンでゲットしちゃったみたい。

三度目は私のリクエストで騎乗位をやらせてもらいました。自分から上になっておち×ちんを好きなように出し入れするんです。克也さんは私の揺れるオッパイを両手で支えて、一緒に下から腰を突き上げてくれました。

それからも二人でいろんな体位を試して楽しみました。思いつく限り、松葉くずしとか駅弁とか、最後のほうはお互い汗まみれになってました。

まぁこんな具合に、その日はクタクタになるまでヤリまくってけっこういい雰囲気でお別れしたんだけど、なぜかその人とはそれっきりサッパリ。私としては、そのままおつきあいしたかっただけに、ちょっと残念。出会いが痴漢だから、彼のほうが気まずくなったのかな？　ま、痴漢もほかにいい男はいっぱいいるだろうし、好みのタイプだったらまた自分から誘っちゃうかも。

第四章

妄想の中で犯した人妻を

上司の出張留守のチャンスをねらって憧れの奥さんに無理やり迫って……

長瀬恭介　会社員・二十四歳

ボクには大切なひとがいる。

彼女を一目見たときからわかった、彼女はボクのものなんだって。別にボクの勝手な思いこみじゃあない。実際に彼女はボクの気持ちを受け入れてくれて、ボクの浅ましい欲望もすべてその美しい体で迎えてくれた。

ただ、残念なことに表向きは彼女はボクのものになることはないんだ。なぜなら、彼女はすでに夫のある身……つまり人妻だったからだ。それもボクの上司にあたる辰巳《たつみ》課長の奥さんだった。

彼女、辰巳裕子《ゆうこ》さんと初めて出会ったのは、一昨年の暮れのことだ。課の忘年会は例年どおり盛り上がり、酒好きの課長は案の定酔いつぶれてしまった。比較的酔いがマシだったボクは課長とタクシーに乗り、自宅まで送り届け、そこで彼女と初めて出会った。

「まぁ、すみません。こんなに酔って……」

定番どおりの挨拶でボクを迎えた裕子さんの優しい面立ちに、ボクは一瞬息を呑んで見とれてしまった。あれが世にいう一目惚れって奴だったんだろう。

ボクより一歳年上のはずなのに、意外なほど若く見えるのは小柄な体と、小さく丸い童顔のためだろう。化粧もあまりしていなくて、髪を後ろでくくっただけの地味な格好だったけれど、それがなんとも清楚で可憐《かれん》にボクには見えた。

きれいなだけじゃなく、甲斐甲斐しく課長を介抱する彼女の姿を、ボクは穴が開くほど見つめてしまっていた。

「あの、あなたは大丈夫かしら？」

「ええ……ボクなら大丈夫です」

もう少しその場にとどまって彼女と話をしたい、咄嗟にボクはそんな欲望をおぼえていた。でも、そのときは待たされてるタクシーの運ちゃんにせかされ、後ろ髪を引かれる思いで課長の家を後にした。

それからというもの、ボクはなんとか課長に気に入られようとありとあらゆる努力をするようになった。だれもが敬遠する資料の集計チェックや、得意先への挨拶まわりも進んで課長に同行した。ボクの裕子さんへの思いを知らない課長は大いにボクを買ってくれて、おかげでボクはそれから幾度か課長の家に招かれたりもした。

でも……たったそれだけのことで治まるほど、ボクの彼女への思いは弱くはなかった。あの愛らしい童顔を心に思い描くたび、ボクの中で彼女への恋慕《れんぼ》、そして強く彼女を抱きたいという欲望がいや増していった。だが、しょせんは叶うはずもない願いだ。

寝ても覚めても思い浮かぶ裕子さんの顔、そして妄想の中で幾度となく犯し辱めた、妄想の中の彼女の肉体……そしてボクはとうとう欲求不満のあまり、彼女に手紙を書いてこの劣情を紛らわせることにしたのだった。

ラブレターなんかじゃない、それはボクではない別のだれかが彼女に出した、猥褻《わいせつ》きわまる変態文書だった。たとえばそれはボクが常日ごろ、空想しているようなこと。白昼彼女の家に押し入って、その細い手足を縛り上げた挙げ句に、床の上で獣のように這いつくばらせた裕子さんを、情け容赦なく犯しまくる……そんな淫猥な手紙だった。

（ああ……オレはなんて汚らしい男なんだろう）

手紙を投函するたびにボクはそう思った。でも、手紙を出すとほんの少しは気もまぎれるようだったから、ボクはそれからも我慢できなくなると、彼女にそういった変質的な手紙を出すようになった。

上司の妻である裕子さんは、しょせんはボクの手には届かない高嶺の華だ。だけど、彼女がボクの手紙を受け取って、さも不快そうに眉をひそめてゴミ箱に捨ててる様を想像するだけで、ボクは後ろ暗い満足感を得ることができた。

だが、そんなボクの彼女への思いは、あるふとしたことがきっかけで驚くような展開を迎えてしまったのだった。


その日、ボクは課長から直々に頼みごとをされた。得意先まわりに行ったあと、課長の家に寄って奥さん、つまり愛しい裕子さんに結婚記念日のプレゼントを渡しておくように言われたのだ。もちろん快諾した。なにしろ彼女の顔を拝む願ってもないチャンスなのだから。

（でも……結婚記念日のプレゼントを部下まかせにするなんて）

裕子さんに会えるのは嬉しいが、思いがけず課長と彼女との夫婦仲の悪さを垣間見たような、複雑な気分だった。そういえば、ボクがたびたび送る猥褻文書のことを、課長は知っているのだろうか。課長とプライベートで飲みにいく機会も多くなっていたが、そんな話題を聞いたことはなかった。

「じゃあ頼んだぞ、オレは今晩はたぶん帰れないと伝えておいてくれ。それと、今日は直帰でかまわないからな」

そう課長に言われたボクは、得意先を回ったあと、課長の家に向かった。一刻も早く彼女の顔を見たかったので、ずいぶん早い時間に着いてしまった。午後の新興住宅地は人通りも少ない。課長の家の玄関の前に立ったボクは、ふと悪戯心《いたずら》を起こしてしまった。

（このまま庭のほうにでも回れば、裕子さんの姿が拝めるかもしれないぞ）

それはずいぶん素敵な考えに思えた。一人で過ごす彼女のプライベートな時間をのぞき見できるかもしれない。あるいは庭で彼女とばったり会うかもしれない。なあに、そのときは「きれいな庭だったものでつい」とかなんとかいいわけすればいい。

そう考えたボクは、ためらいなく裏手のほうに回った。こまめに手入れされている庭の草花の緑がボクの目を射る。残念ながら彼女の姿は庭にはない……と、そこでなにげなく庭に面したリビングを振り返ったボクは、自分の目を疑った。

（裕子さんだ……裕子さんが、な、なんてことだ！）

彼女は少し体を斜めに傾げて、ソファに深く腰かけていた。

胸元に置かれた右手は、紙のようなものを手にしている。そして品のいい小さな花柄のスカートの裾にはなんと、彼女自身の左手が差し込まれていた。小さく白い顔はやや上気していて、目は閉じられていたが、明らかに眠っているふうではなかった。

あっ……あん……そんな喘ぎ声が聞こえてくるような錯覚にボクは陥《おちい》った。

彼女はスカートに差し入れた手を小刻みに動かし、ときおりひくひくと肩を震わせているようだった。愛らしいサクランボのような唇は半開きで、そこから悩ましい喘ぎ声が洩れ出ていることはだれの目にも明らかだった。

咄嗟にボクは腰をかがめ、身を隠した。リビングの隅からそおっと顔を覗かせ、彼女の様子を伺う。しかし彼女は自慰に夢中なのか、気づいた様子はなかった。

ボクは混乱する頭を抱えつつも、憧れの女性が白昼堂々とオナニーに耽《ふけ》るその光景に目を奪われた。

（あの裕子さんが……こんな真っ昼間に自分で自分を慰めているなんて。それに、手にしている紙はいったい……）

彼女が手にしているのは、どうやら便せんのようだった。封を破った封筒とともに彼女の指に挟まれたそれをじっと見ていたボクは、さらに驚くべきことに気づいてしまった。

あの真っ黒な封筒は……あれはボクがいつも彼女に送っていた猥褻文書じゃないか！

驚いたボクは新たに出そうと思っていた封筒を持っていることに気づいた。内ポケットからそれを出して見比べると、間違いはなかった。

ボクがいつも妄想の中で裕子さんを犯し、蹂躙《じゅうりん》している猥褻レター。彼女はそれを胸に押し当てながら、白昼オナニーに耽って悶《もだ》えているのだ。

次の瞬間、ボクの理性は崩壊した。

足音を立てないように庭を出て、玄関の呼び鈴を鳴らした。やや時間があって、平静を装《よそお》った彼女の声がした。ボクが名乗ると、彼女は当然のように扉を開ける。彼女はわずかな時間でスカートの乱れや髪のほつれを直したようだったが、ボクはもうそれどころではなかった。

「まあ長瀬《ながせ》さん、何か主人からのことづけでも？」

にっこりと微笑む裕子さんの笑みは、いつもどおりの穏やかで暖かな笑顔だった。だがその上品なワンピースの下の肉体は、さっきまで自慰に悶え、熱く濡れていたのだ。

「ええ、実は……」

そう言った声が少し掠れた。内ポケットには確かに課長から預かった結婚記念日のプレゼントがある。おそらくボクが買えそうもない高価な貴金属だろう。そして内ポケットにはもう一つ、ボクが出すはずだった猥褻レター。

「なんですか？」

ボクの腹は決まっていた。内ポケットから課長のプレゼントではなく、一通の封筒をゆっくりと出した。最初きょとんとしていた彼女は、アッと息を呑んだ。反射的にスカートのポケットに手をやったのは、そこにボクの手紙を隠しているためだろう。ボクは素早く彼女の手を取り、靴を脱ぎ散らかして玄関に上がり込んだ。

「あ、あなたは」

「ええ、ええ、ボクです、そこにしまってある手紙を送りつづけていたのは。でもまさか、あなたがあれを読んでくれてるとは思わなかった」

ボクは、小柄な彼女の体を胸に抱え込むようにして、廊下からリビングに押し入った。非力な彼女はなす術もなく、ソファに押し倒される。さっきまで彼女が自慰に耽っていたソファだ。

「は、放して、放してください」

「さっきは気持ちよかったですか？　ここでずいぶん楽しんでらした」

ボクの言葉に彼女はハッと目を見開き、怯《おび》えた目でボクを見上げた。

「ボクの手紙を読んで、あなたがあんなことをしてるなんて、驚きました……でも、嬉しいですよ。あんないやらしい手紙を読みながら、ここをこんなに濡らしてるなんて！」

「あっ！　あぁっ……！」

馬乗りになったまま、ボクは手をスカートの中に差し入れた。足のつけ根を手のひらで探り当て、指先で下着の上をなぞると、じっとり湿った感触が伝わってきた。

濡れている……濡らしている……そう感じた次の瞬間、ボクは思いきって下着の中に指を潜り込ませていた。もぞもぞともがく彼女の股間に走る肉の溝を指でなぞり、にゅるりと指先を沈ませた。

「ひぁっ……だ、だめ、やめて」

「やめられませんよ、やめられるわけがない。ボクはあの手紙になんと書きました？　白昼、あなたの家に押し入って、あなたを押し倒すと書いたはずだ、裕子さん！」

「ひっ！　あ、あれは、あの手紙は……」

「ボクは、あなたを凌辱する妄想で、自分の気持ちを抑えてきたんです。でももうダメだ。だってあなたもボクと同じことを望んでいたんだから！」

「くひぃんっ、いやっ、ゆび……ああっ、そんなにっ」

ボクは彼女の意外にふっくらと盛り上がった胸に顔を埋め、甘い体臭を存分に味わった。もっとじかに彼女の白い肌を舐め回そうと襟のボタンをはずしながら、股間に差し込んだ指でぐりぐりと彼女の熱くぬめった肉溝を掻き回した。

彼女は必死に身をよじってもがいていたが、その動きのおかげでボクは容易に彼女の乳房に食らいつくことができた。

いや、あるいは彼女自身も心底抵抗するつもりなどなかったのかもしれない。

スカートをまくり上げ、パンティを脱がそうとするころには、ボクが少し尻を持ち上げただけで自分から腰を浮かせて脱がせやすくしていたようだった。

「裕子さん……ずっと、こうしたかったんだ……あなたの潤《うるお》ったここに、ボクのはち切れそうなこれを、グッと……奥まで……」

「あぁっ……ぐぁ、あぁあー……」

まさに夢のような瞬間だった。ずっと頭で思い描いていた妄想のとおりに、憧れの女性がボクの前で体を開き、ボクの凶暴な一物を呑み込んでくれている……。彼女はうっすらと薄い汗をかいた真っ白な首を少しそらせ、苦痛とも快感ともとれる声を喉奥で洩らしている……。

裕子さんの女芯はその体格に似合った狭苦しいものだった。だが、すでに自慰によって潤っていたそこは、柔軟にその容量を増やし、徐々にボクを受け入れていった。

その女肉の温かさ、ペニスを押し込むとグッと押し返す弾力、それでいて呑み込んだ肉を包み込んで放さない、貪欲なヒダの吸いつき……そのどれもがボクが夢にまで見た、いいやそれ以上の快感だった。

「裕子さん……ゆうこさん……」

ゆっくりと時間をかけて、挿入それ自体をたっぷりと味わいながら、ボクはついに彼女のすべてを征服した。感動のあまり、挿入したまま彼女の膣の温かさを味わっていると、裕子さんはそっとボクの頭を抱きかかえて囁いた。

「本当に……あなただったのね」

「ええ。でもうれしかった、本当に嬉しかった。あなたがボクの手紙を読んでくれていたなんて……それに」

「……言わないで……」

彼女はポッと目元を赤く染めると、両手で顔を覆った。その恥じらう姿に彼女へのいとおしさが一気にこみ上げ、ボクは彼女を強く抱きしめた。胸の下で柔らかな乳房がひしゃげ、押し込まれた陰茎の先が別の場所を刺激したのか、裕子さんは「ああ」と熱い吐息をボクの耳に吹きかけた。

「いいわ、犯して……あの手紙に書いてあったとおりに、私を、あなたのおチ×チンで、滅茶苦茶に犯して……！」

「ゆ、裕子さんっ」

もう理性や常識など何の意味もなかった。ボクと彼女は舌を絡め合う濃厚なキスを交わしながら、飢えきった獣のように互いを貪った。彼女の膣は突き入れるほどに弾力を増し、溢れる愛液が飛沫《しぶき》を上げてボクのスラックスに染みを作った。

「ああっ、裕子さんっ、気持ちいいっ、裕子さんのオマ×コ、すごく気持ちいいです！」

　まるで初体験の童貞のように、ボクは猛烈に腰ごと叩きつけた。それまで味わったどんなセックスよりも、それは官能的で神秘的な交わりだった。ただ肉と肉が擦れ合う感触ではなく、体液を介してふれあうボクのペニスと彼女の膣肉が、溶け合って混じり合うような、強烈な快感だった。

「ひあっ、ひっ、ひぃぃ！　わっ、私もっ、こ、こんなに激しいの、初めてだわ！　あそこが裂けちゃいそうに、あ、あなたのおチ×チンが、充満してる、あぁっ」

　ぐい、ぐいっとボクがペニスを捻《ひね》り込むたび、裕子さんもまるで少女のように恥じらいながらも淫らに燃え上がっていた。年上だということを少しも感じさせない、張りのある白い肌。それでいて腰や尻にそこはかとなく脂がのった成熟加減が、なんともアンバランスな魅力を放っていた。

　調子に乗ってピストンを叩きつけていると、あっけなくその白い肉に溺れてしまいそうになり、ボクは単調なピストンをやめた。そうして両手で彼女の腰骨をつかむと、ずぶずぶっと根元までペニスを挿入し、そのまま腰全体をこすりつけるようにして、彼女の体の上で小さな円を描いた。

「あっ、あぁ……いい、それ、いいわ……下半身ごと交わってるみたいで、ああっ、クリちゃんが……くぅ、うんっ」

回転をあまり速めると、こっちが先に達してしまう。速度を微妙に調節しながら時計まわりに、そして逆回転で腰を擦りつけると、ちょうど結合部で彼女の敏感な部分が肉に挟まれてくすぐられるのだ。

「ひんっ、ひんっ」

と子犬が鼻を鳴らすように甘ったるい声で喘ぐ様が、なんともいえずかわいらしい。その声をたっぷり堪能したところで、おもむろに腰を少し引くと、一直線にペニスを彼女の中心にガン！　ガン！　と叩きつけた。

「くひ……イッ！　いぁっ、あはぁーんっ！」

クリトリスへの刺激から一転、子宮の入り口にまで達しそうなほど深い食い込みに、彼女は体全体をそらせるようにして悶えた。射精感がじわじわ高まってくるまでその攻撃を続けてから、再び下半身を擦りつけに戻る。

「ひん……ひん……」

「どう？　子宮まで当たりそうだった？」

彼女は目尻にいっぱい涙を溜めて啜《すす》り泣いていた。その涙の粒を舌で舐め取ってやると、彼女は少し恨めしそうにボクを睨《にら》んだ。

「いじわる……あんなに、あんなにして、また焦らすなんてひどい……」

ボクは憧れていた年上の人を、上司の妻でもある人をエクスタシー寸前で焦らしておいて楽しんでいた。あまりに違う責めを交互にされると、イキたくても素直に絶頂に達することができないのだ。

「あと少しでいけそうだったんだね。いまはどう？」

「わからないわ……。あそこが……クリちゃんも、奥のほうもじんじん痺れてるのぉ」

イカせて、いかせてと彼女は何度もボクに頼み込んだ。ぎっちりと陰茎をねじ込まれた腰を、物欲しげに自分でくねらせる。ボクのほうもいくらなんでも限界だ。

「じゃ、いくよ」

そう言って、ボクは両手いっぱいに彼女の乳房を握り、指の間から肉がはみ出すほど力を込めた。「ひぃいいーんっ！」と暴れ馬のように狂おしく悶えるじゃじゃ馬を乗りこなすように、ボクは猛烈に腰を前後左右に振り立て、彼女のオマ

×コの隅々まであますところなくえぐり回し、責め立てた。

「ぃいぁあああーっ、いひぃい、いぁ、あはぁ、あ、ああーっ！」

おそらく彼女はピストンを喰らった瞬間に、エクスタシーの大波に呑み込まれたのだろう。温かくボクを受け入れてくれた膣肉は痙攣のように細かく震え、恐ろしい力でボクの分身を締めつけた。

竿を引きちぎられそうな恐怖に逆らいながら、なおひくつくオマ×コをぐいぐいと凌辱していると、途方もない射精感がこみ上げてくるのがわかった。

「ダメだっ、出る……！」

「いぁああっ、いひいっ、ひい、ひぃんーっ」

裕子さんの中にすべてをぶちまけることに、抵抗はなかった。

むしろボクは我慢に我慢を重ねてようやく自分に射精する許可を与え、嬉々として彼女の膣奥深くに、煮えたぎる思いをすべて放出した。体温よりも温かいザーメン液が膣内を満たし、膣奥からじわりと滲み出てきた濃厚なラブジュースと混じり合って、亀頭をゆっくりと包み込んでいった。

ボクと彼女は互いの体に腕を回し、強く強く抱きしめ合いながら、いつまでも消え去らない快楽の余韻に、ときおり体を震わせ、至福の感覚に浸っていた。

その夜、ボクは課長の家で裕子さんとの二人きりで甘く濃厚な一夜を過ごした。もちろん課長が帰宅しないということを知っていたから、そんな大胆なことができたのだが、実際のところボクも彼女も課長の存在などは取るに足りないものとなっていた。

リビングでの交接でお互いにひどく消耗したボクたちは、日の暮れるまで抱き合ったまま過ごした。考えてみれば玄関の扉は施錠もされていなかったのだから、ずいぶん大胆なことをしたものだ。

その後、二人して風呂場で体を洗いっこしたりした。まるで新婚夫婦のようにぼくらはいちゃつきあい、上気した彼女の肌に悩殺されたボクは、あれだけ消耗したにも関わらず、またしても彼女を求めた。

彼女は戸惑いながらもボクを受け入れ、ボクらは課長と彼女が就寝している寝室に赴《おもむ》き、そこで今度は穏やかに愛撫し合いつつ、お互いを慈《いつく》しみあった。

彼女の肉体は、無限の慈悲を秘めた素晴らしい代物だった。自ら四つん這いになって股間を指で開き、妖しくボクを誘う仕草でさえも、少しも下卑たところがない。儚《はかな》げな割れ目に舌を這わせると、そこは初々しい乙女のようにしっとりと開き、甘い牝の汁をしたたらせるのだった。

ボクの貪欲な竿が背後から彼女の秘所を貫くと、彼女はとろけそうな喘ぎ声で応えてくれた。蠟《ろう》細工のように華奢《きやしや》な彼女の肩に軽く歯形をつけながら、ボクは獣のように彼女を貪り、蹂躙し、その熟れた肉のすべてを征服した。

「こんなに激しく求められたの、初めてかもしれない……」

まどろむような疲労感の中で、ボクはふと彼女のそんな言葉を耳にした。彼女は仰向けになったボクの体の隅々にまで舌を這わせ、白濁液を噴出したペニスをぺろぺろと舌で舐め清めているところだった。

「あの手紙を初めて見たときは、驚いたわ。でも、なぜだか心が騒いだの。だって、これを書いた人は絶対に私のことを知っていて、私をものすごい欲望にまみれた目で見ていたわけですもの……」

ちゅるっ、ぺちょっといやらしい音を立てる合間合間に、彼女はそんなことを語った。

「私がどんなに泣いても叫んでも、絶対に容赦しないって。メス犬みたいな格好で這いつくばらせて、オマ×コの奥までのぞき込んでやるって」

さすがにボクは赤面した。猥褻文書を送りつけた当人から、その卑猥な内容を聞かされるというのは、なんとも滑稽で恥ずかしいことだった。だが彼女はまるで恋人からのラブレターを朗読するかのような口調で言うのだ。

「いやらしい私のオマ×コをおチ×チンで引き裂いて、粘つくほどのザーメンを、子宮から溢れかえるほど流し込んでやるぞって書いてあった……そんなひどいことされたら、きっと怖くて泣いちゃうかもしれないけれど、どうしてだかそれを捨てられなかったの。それどころか手紙を読みながら、一人でするとと、なんだか滅茶苦茶興奮して……本当にこんなに情熱的に私を見てる人がいるなら、すごく素敵だなって思っていたのよ、ずっと……」

そこまで言うと、裕子さんは照れくさそうに俯き、再びぺろぺろとボクの陰茎をしゃぶり始めた。さすがに濃厚な交わりの直後なので、ボクの一物は復活する気配を見せなかった。けれど、ぬるま湯のような彼女の口の中に萎《な》えたペニスを委《ゆだ》ねているのは、なんとも心地よかった。

そして思った、やっぱり彼女とボクとはこうなるべき運命にあったのだと。

彼女と課長との間がどの程度冷え切っているのか、そしてその原因がどこにあるのかなどといったことは、あまり気にならなかった。結婚記念日に帰宅せず、記念日のプレゼントすら手渡ししない課長のことを考えると、むしろ彼女が不憫に思えたが、それは言わないことにした。

大事なのは彼女がボクを受け入れてくれたということ、そしてこれからいかに彼女との関係をうまく続けていくかということだった。

それからのボクは、以前にも増して仕事に励み、課長のために尽力した。そうすることで課長とのパイプは途切れることなく、自然と彼女と過ごせるチャンスも増える。お互いの気持ちを確かめ合ったいまとなっては、本当なら毎日でも彼女と会って、精も根も尽き果てるまで彼女の体を貪り、快楽に浸っていたい。

だが、それはよほど都合よく互いの時間がとれるときに限られていた。課長には絶対に知られず、不倫の疑いすらかけられないように慎重に行動した末に、二人きりで過ごす時間は、勢い濃厚なものとなる。

一度、思いきってあるひなびた温泉地で逢い引きしたことがある。彼女は現地でボクと落ち合うまでの時間が待ちきれなくて、途中の駅で何度も下車しては、トイレでボクを思ってオナニーしたのだと、ぐしょ濡れになった下着を見せてくれた。

もちろん不倫旅行は最高だった。ボクらはだれにも怪しまれることなく、アツアツの新婚カップルとして毎日を過ごし、夜も昼も濃厚で野性的なセックスに明け暮れた。

二人の未来はまだ地盤を固めている最中だが、その結末は幸せなものにしたいと切に願っている。

一日も早くボクの経済力が充実し、彼女を正式に迎えに行く日が来るように日々研鑽《けんさん》を重ねているところだ。もちろん、ボクは上司の妻を寝取った男として後ろ指をさされることになるのだろうけれど……そんなことは些細なことだ。

電車で男のペニスをもてあそびながら「降りて××しましょ」と囁く毎日

麻生千尋　主婦・二十四歳

私ははっきり言って痴女です。それもかなりの筋金入りだと断言しても過言ではありません。どうしても満員電車の中で、見知らぬ男性のペニスをこっそりもてあそぶ行為をやめられないのです。

相手は若い男の子でも年上の男性でもかまいません。変に思われるかもしれませんけど、とにかく私にとっては痴女をしているほうが、夫とのセックスより燃え上がってしまうんです。あのドキドキとした胸の高鳴りと興奮、それが忘れられなくて、結婚したいまでも用もないのに毎朝電車に乗って痴女行為を繰り返しているのです。

それにはっきり言い切ってしまえば、私の手にかかれば、電車内ではどんな男性でも手なずけてしまうのは簡単なものでした。実際、いくら好き勝手に痴女行為を繰り返そうが、一度も抵抗されたことなどなかったんですから。

ああいうのって女性が痴漢されるのと違って、男性にとっては不快感よりも「あっ、ラッキー」という思いが先に立つみたいですね。だからすべて私の思いのまま、こちらの好奇心と欲求不満も満たすことができたんです。

だいたいいつも、狙った男性の背後にさりげなく体を寄せて、こっそりズボンの前に手を伸ばします。そしてジッパーを下ろして下着の中まで手を入れて、ペニスを手のひらに包み込むんです。

ここまでくると、さすがに相手の男性も普通の状態ではいられなくなるようです。いくら無表情を装《よそお》っていても、優しく指を絡めてゆっくり動かしてあげると、ペニスはだんだん硬く大きく膨れ上がってきます。

この熱さと感触……それに私の指の動きに感じてくれるピクピクした反応が、またたまらないんです。

そうやってほんのいっときの間、私はペニスを思う存分もてあそびつづけます。駅に着いて、名残惜しそうに私を振り返って降りていく人や、中にはそのまま電車の中でドバッと発射してしまう人もいます。

また私のほうがひとりで燃え上がってしまって、男性を電車から引っ張り降ろして、そのまま人気のない場所で射精するまでペニスをしごかせてもらうこともありました。

野外でのプレイだけに、こっちもかなり理性を失って興奮していたことは間違いありません。しゃがみ込んで息を呑みながら、射精を見届けるまで、夢中でペニスをしごき回していたんですから。精液をベットリ浴びたあとは、ハッと我に返って男性を残したまま、急いでその場から走って逃げました。

もうおわかりでしょう。ここまでエスカレートするほど歯止めを効かせることができないとなると、もうかなりの重症です。もう私にはノーマルなセックスではとても満足することなんてできなくなっていたんです。そのため日常的な欲求不満の解消とスリルを味わいたくて、こうした痴女行為を繰り返していました。

ところがそんな私にとって、思いがけなかった出来事が突然襲いかかってきたんです。

その日も私は懲りずに、相変わらず夕方の帰宅ラッシュにまぎれ込んでいました。手ごろなスーツ姿の男性には乗車前から目をつけておいて、乗り込むとすぐに人を押しのけてそばに接近していきます。

もうここまできたら、あとはいつもどおり。そっと背中越しに、ズボンの膨らみに手を伸ばすんです。

その日のターゲットは、二十代後半ぐらいの背の高い男性でした。顔もスッキリしていて、ちょっと好みのタイプです。

いつものように私は、何気ないそぶりでそっと股間のあたりをまさぐっていました。だいたいこのときになって、男性はドキッとしてこっちに気づくことが多いんですけど、彼はまったく何の反応も見せません。

緊張で固くなっているのか、それとも無表情を装っているのか、どちらにしろ私の手の動きに気づいていないはずはありません。もっとも、そういう人も珍しくはないので、かえって好都合とばかりにおもむろにズボンのジッパーを下ろさせてもらいました。

それから時間にして七、八分といったところでしょうか。私は彼のビンビンに勃起したペニスを、思う存分もてあそびました。先っぽからヌルヌルしたものも溢れていたので、彼もかなりの快感を味わっていたはずです。

ところが、です。駅に電車が停まると、不意にその人は私の手を払いのけてズボンを元に戻し始めたんです。

私は「あっ、ここで降りるのかな」と思いましたが、なぜか私の手までつかまれ、グイッと一緒に引っ張り降ろされてしまったんです。

その間、私は「えっ?」という心境でした。あまりにとっさで、どうしてこの人に手を引っ張られているのか理解できなかったんです。

そうやって何が何だかわからないままホームに降ろされると、彼はおもむろに私に向かってこう言ったんです。

「あなた、ずっと僕に痴漢みたいなことしていたでしょう。警察に突き出しますよ」

その言葉に、一瞬、心臓が凍りつきました。けっして大げさじゃありません。あんなに驚いたのは生まれて初めてだったんですから。

「えっ、いえ、ちょっと待ってください……別にそんな……」

「しらばっくれてもムダですよ。なんなら実際に警察に行って、僕がされていたことを事細かに説明してみせましょうか」

まだうろたえている私に、彼は威圧的な口調で言い放ちました。

こんなことが起こるなんて、それまでの私はまったく予想もしていませんでした。まさか痴女として警察に訴えられてしまうなんて……。

もし実際にそうなってしまえば、どうなってしまうでしょう。言い逃れはできそうにないし、もしかしたらこれまでずっと痴女をやっていたことも追及されてしまうかもしれません。

とっさに夫のこと、両親や家族のことが頭をよぎりました。これまでの幸せな暮らしが崩れてしまう、そんな重い絶望感に包まれてしまいそうになっていました。

「すみませんでした……許してください」

私は慌てて彼に向かって、ほんの出来心だったので警察沙汰だけは勘弁してほしい、と深々と頭を下げました。とにかく謝って許してもらわなければ……本当にそれだけを考えていたんです。

ところが彼は、頭を下げて精一杯の誠意を見せる私とは、まるっきり正反対のことを考えていたのです。ニヤリと表情を崩して、「それならば……」と、何かを求めるような含んだ言い方をしてきたんですから。

それが何を求めているのかは明らかでした。そう、彼は警察に突き出すのを許してやる代わりに、代償として私の体を要求してきたのです。

「そんな……」

それがどんなメチャクチャな理屈か、もちろんわかっていただけますよね。痴漢を見逃してやるから代わりにセックスさせろなんて、こんな理不尽な要求はありません。

でもそのときの私には、彼の要求に応えるしか方法はなかったんです。これもいままで夫に隠れて勝手なことを繰り返してきた罰だ、と自分に言い聞かせ、泣く泣くホテルについていきました。

前に書いたとおり、私は普通のセックスよりも、痴女をやっているときが最高に燃え上がるタイプなんです。だから夫以外の男性とのセックスを前にしても、期待どころか憂鬱な気分しか感じていませんでした。

ところが……彼とのセックスは、久々に私を肉体から燃え上がらせてくれました。それまでの不安や憂鬱などどこかに吹き飛んでしまったかのように、ベッドの上で乱れまくったんです。

「なんだ、いやがってた割には奥さんも感じてるじゃないですか」

彼の言うとおり、私は自分から上になって激しく腰を使うようなことまでしていました。最後には初めてイクことも体験して、償《つぐな》いと言うにはあまりに素晴らしい時間を過ごさせてもらったんです。

その見知らぬ男性とホテルで燃え上がった日から、私の内面は大きく変わりました。あの一件で懲りたどころか、それまでただ触って満足するだけの痴女からさらにエスカレートし、ペニスをいじくり回しながら男性をホテルに誘う、さらに大胆な痴女に変身していたのです。

具体的には、男性のペニスをもてあそびながら、こっそり耳元で「ねぇ、次の駅で降りてセックスしましょうよ」と囁くのです。

うなずいてくれた相手とは、ホテルだろうが駅のトイレだろうが、どこでもOK。たいていはこちらの乱れっぷりに呆気《あつけ》に取られ、「君みたいなスケベな女がいるなんて信じられない」とまで言われてしまうこともしばしばです。

女って変われば変わるものだとよく言われますけど、私の場合はまさにそうみたいです。セックスの悦びを知ってしまったおかげで、こんな、それまでの何倍も淫乱な女になってしまったんですから。

そんな私がこの間ターゲットにしたのは、夕方のラッシュで隣り合わせになった、まだ高校生の二人組の男の子でした。どうやら友だち同士らしく、同じ制服を着て二人でおしゃべりしています。今風の髪型をした、なかなかカワイイ感じのルックスでした。

　さすがの私も、二人を相手に痴女をするのは初めてです。それに若い男の子だけに、私のような年の離れた女にどんな反応をしてくれるか、期待と興奮、それに不安が半分といった心境でした。

　まずはいつものように、手をズボンの股間に伸ばします。しかも今回は二人同時。二人はお互い「えっ」という顔をして、すぐに私のほうを振り返りました。

　ここが大事なところです。私はできるだけ二人にも伝わるよう、ニコッとここで騒がないように目配せをします。長年の経験の積み重ねのおかげか、たいていの男性はこれでわかってくれるようです。

「シーッ、声を出さないでね」

　耳元での私の小声に、二人はまだ無言で互いを見合っていました。きっと内心、私が何者なのか、どうしてこんなことをされてるのか、多少混乱してることでしょう。

　なおも私は二人のペニスを指でもてあそび、ビンビンに勃起させました。どっちも若いだけに、触ったときの反応だけでかなり敏感なのが伝わってきます。

　そのまま指先でコリコリと亀頭を刺激しながら、こう言葉を続けました。

「ねぇ、このまま次の駅で降りてエッチしない？　二人いっしょでいいから」

このセクシーに囁く殺し文句に、二人とも即ＯＫの返事でした。さっそく電車が停まると、そのまま近くのラブホテルへ二人を案内し、三人で部屋に入りました。

「ねぇオバサン、マジでオレたち二人でいいの？」

「何言ってるの、当たり前じゃない。さ、早く二人とも服を脱いで」

私も服を脱ぎながら、彼らにもパンツまで脱いでしまうようせかしました。

たしかに彼らにとって二十四の私はオバサンだけど、スタイルにはけっこう自信あるんです。バストの張り具合もお尻のラインもなかなかのものですし、それにいろんな相手とセックスするようになってから、心なしか肌も艶《つや》っぽくなってきたみたいです。

「スゲーッ、オバサンけっこういい体してるね」

二人ともペニスをビンビンに立てたまま、うっとりと私の裸を観賞してくれます。二人に両脇を囲まれるようにして、両方のバストに手が伸びてきました。

「あんっ……」

それに二人の唇が、交互にキスをしたり首筋にも這ってくるんです。すっかり敏感に発達した私の体は、それだけでもうとろけそうになっていました。

「上手ね。いつも二人でこんなことしてるの？」

「まぁね。でも今日はオバサンが誘ってくれたから、ホントにたまたまだよ」

どうやらこの二人、フミヤ君とヤスユキ君といって、高校生なのにけっこう遊んでるようです。若いわりに女の扱いに慣れているのは、きっと経験もかなりあるからなんでしょう。

私にしても、若い男の子から二人がかりでこんな愛撫を受けるのは初めて。最初は私がリードしてあげようと思ってたんですけど、このまま二人に身をまかせることにしました。

二人の手はバストを優しく揉みながら、乳首をコリコリと摘《つま》んでくれます。乳首は私の特に弱いポイント。そこを重点的に責められるもんだから、「あはっ……ああ……」とため息混じりに喘ぐばかりでした。

「どう？　いい気持ち？」

「ええ……とっても」

もちろん二人の手は、下半身にもしっかり伸びてきました。きっと興奮しすぎて、いつもより濡れてたんだと思います。指先でアソコをなぞられただけで、少しヌルッとしていました。

「もうこんなに濡れてるよ、オバサン。ホラ」

フミヤ君が、わざと濡れた指先を見せつけてくるんです。恥ずかしいやら逆に興奮するやら、私は媚びるようにその濡れた指先を舐め取ってみせました。

チュパチュパ指先を吸っていると、今度は本物のペニスが目の前に向けられました。

「ホラ、どう？　オレのけっこうデカいでしょう」

彼の言うとおり、フミヤ君のペニスは人並み以上の長さと太さでした。これまで何本も触ってきた私が言うんだから間違いありません。

「おいしそう……早くしゃぶらせて」

私は自分から顔を近づけて、唇をペニスに被せていました。セックスの悦びを知ってからは、フェラチオも積極的にできるようになったんです。

「あーっ、上手いよ。なんか吸い取られそう」

「ングッ、ンン……」

ゴツゴツした真ん中の部分と、柔らかな先っぽの部分を口の中でたっぷり舐め回します。それから顔を動かしながら、チューーッと音を立てて深く吸い込んだり。

ペニスがおいしいと思えるようになってから、テクニックもかなり上達しました。

そうやってフェラチオに没頭している間、私の下半身からもクチュクチュした音が響いてきていました。

もう一人のヤスユキ君が、アソコに顔を埋めて舐めてくれています。それに指がアソコの中に深々と埋まっていて、抜き差しされるたびに溢れるお汁が音を立ててるんです。

「ンッ、ンン……！」

指が出たり入ったりするたびに、ペニスをくわえた口からうめき声が洩れてきました。クリトリスを舐められながらアソコを刺激されて、私の下半身から痺れるような快感が伝わってきます。

それに最初はゆっくりだった指の動きが、だんだん勢いよく速まってきました。クチュクチュという音がグチャグチャと激しくなり、私は「ンーッ！　ンッ!?」と悶《もだ》えるだけになってきました。

「スゲェ。中からどんどん汁が溢れてくるよ」

もうやめて……さらに激しく指でピストン運動され、私はペニスをきつく締めつけて喉の奥で叫んでいました。これ以上されると、私の恥ずかしい体質がそれを耐えきれなくなってしまうんです。

「ンーッ！　ングッ、ンンーッ！　ン……ンーッ……！」

と、とうとう湧き上がってくる快感が最高潮に達してしまいました。

強烈な絶頂感が体中を痺れさせます。体を精一杯のけ反らせ、ギューッとアソコに力が入るのがわかりました。

その途端、アソコからピュピュッと何かが吹き出すのも感じていました。そう、私はイクたびにお汁を飛ばしてしまう、潮吹き体質なんです。

「うわっ、見ろよ！　潮吹いたぜ、潮」

「おーっ！　マジで飛んでったな。オレ、生で初めて見たよ」

突然の潮吹きに、彼らもかなり驚いてしまったようです。これも痴女をしてセックスを重ねるたびに開発されていったのか、なぜかイクことを覚えてから潮が出てしまうようになってしまったんです。

この潮吹きを披露してしまうと、たいていの男性は喜んでくれます。でも私としては、なんだかオシッコを洩らすところを見られてしまったみたいで、すごく恥ずかしいんですけど……。

ともかく一度潮を吹いてしまってからは、私も彼らも火がついたようになりました。私は交互におしゃぶりを繰り返し、彼らもまた指や舌で私のアソコを刺激します。

「ンーッ！　ンンッ……！」

なんと彼ら、お尻の穴にまで指を差し込んできました。でもいまの私は超淫乱なメスそのもの。お尻の穴だろうがどこだろうが、刺激してくれるならどこでもいいんです。

「あっ、ああ……イクッ！」

と、そしてまた指だけでイカされてしまいました。最初の優しい愛撫はどこへやら、いつの間にかオモチャのように好き勝手にもてあそばれています。メロメロを通り越して、半狂乱に近い状態にまで追い込まれていました。

「おーし、じゃあそろそろやらせてもらおうかな」

二度目の絶頂の余韻から冷めかけたころ、ようやくヤスユキ君が、私の両足を抱え上げてくれました。私はうつろな頭で、両足を割って入った彼の体を抱き寄せていました。

「ああ……入れて、早く。お願い……」

あれだけイカされて疲れるほどの快感を味わったのに、私の淫乱さは限界を知らないみたいです。もうこうなったら、徹底的にメチャクチャに乱れて快楽の虜《とりこ》になりたい、それだけを考えていたんです。

それからヤスユキ君が、グッと体重をかけて腰を押しつけてきました。ペニスはヌルッといった感じでアソコを押し広げ、一気に奥まで入ってきました。

「ああーっ……！」

指と比べものにならない太いものが、アソコの中を突き進んできました。さっき指でかき回されたときよりも、大声を出して彼にしがみついていました。

「へへへ、どうオバサン、入ったぜ。どんな感じ？」

「すごい……もうたまんないの。このままメチャクチャにしてちょうだい」

息も絶え絶えのお願いに、ヤスユキ君はいきなりの激しい腰使いで応えてくれました。

「あんっ、あっ、あっ、いいーっ！」

まるで狂ったように叫びながら、彼の激しい動きに身をまかせていました。

そうやってつながったまま、ヤスユキ君が唇を寄せてきます。ねちっこく糸を引くようなディープキスが始まり、私も舌を絡めながら懸命に首筋にしがみついていました。

「どう？　こうされるとまた気持ちいいだろ？　ホラホラ」

「あっ、あっ、あんっ！」

もう私は、彼の自慢のテクニックにメロメロでした。急に腰を速めたり奥深くに貫いたままグリグリと子宮を突ついてきたり、とても高校生だなんて信じられません。

「おい、早く代われよ。いつまで一人で楽しんでんだよ」

それまで見てるだけだったフミヤ君が、隣からせかすように言いました。

「うるせーな、待ってろよ。もうすぐ中に出すから、そしたらすぐに交代だからよ」

中に出す……そう言えば、彼らは避妊道具をつけていないことに気づきました。

「ああ……待って、中には出さないで。妊娠したら困るから……」

「うるせーな。オバサン、オレたちみたいな若い男とセックスできるんだから、それくらいでガタガタ言うなよ」

だんだん乱暴になってきた態度や言葉使いにも、私はどうすることもできません。きっとこれが遊び慣れてる彼らの本性なのでしょう。もし妊娠してしまったら……でも、拒《こば》むには少し遅すぎました。

「おーし、イクからな。しっかり受け止めろよ」

あれだけ激しかった彼の腰の動きが、一瞬でビクンと止まりました。それからアソコの奥に、熱く吹き出すものがドクドクと流れ込んでくるのを感じました。

「ああ……」

久々に味わう膣内射精の感触に、なぜかため息が出てしまいました。さっきまで頭にこびりついていた妊娠の文字もどこかに消えてしまっていて、代わりに何とも言えない充実感のようなものを私も感じていました。

「どうだいオバサン、中に出されるのもよかっただろ？」

「え、ええ……」

そのときは本心でそう返事していました。やっぱり女の体って、精液を受け止めるとこっちまで満足したような気分になるようにできてるみたい。

そして続けざまに、フミヤ君も私の上に覆い被さってきました。マサユキ君同様、最初からガンガンと激しい腰使いです。

「あーっ！　うっ、うう……！」

「ホラ、オレのチ×ポはどんな感じ？　ヤスユキのよりずっと感じるだろ？」

それよりも私、またイキそうになってたんです。こうつづけて一対二でセックスの相手をしなければならないとなると、体が休まる暇がないのに加えて二人とも加減もしてくれません。おかげで腰を使われている間、私は何度もイカされるはめになってしまったんです。

「ホラ、またイカせてやるぜ。もっと潮吹けよ」

「イヤッ！　ああんっ、また……！」

また激しく腰を使われ、私はさらによがり狂いました。もう本当に自分でも信じられないくらい、何度も何度も快感の波が押し寄せてきてどうしようもないんです。大きな喘ぎ声をあげながら、必死に彼の背中にしがみついていました。

「イクイクッ！　ううーっ！」

もう何度イカされてしまったのかわかりません。女の快感は底なしだって言うけど、それって本当ですね。イカされて頭がボーッとなっていても、かまわずに腰を動かされるとまたよがり狂ってしまうんですから。

「スゲエなこのオバサン、何度イクんだよ」

そんな声を聞きながら、また強烈な絶頂感に大声を張り上げていました。痺れっぱなしの下半身から、また例の何かが吹き出す感覚が伝わってきました。

「また潮吹いたぜ。オレの体、もうビショビショだ」

どうやらもう数えきれないほどお潮を吹いてしまったみたいです。ここまでくるとそれを恥ずかしいとか思う気力さえなくて、ただ彼らのなすがままでした。

そして若いだけに、私以上に彼らの性欲も底なしです。私の中にたっぷりと精子を放っても、その汚れたドロドロのペニスをくわえさせられ、再び犯されなければなりませんでした。合計で彼らも三回か四回は私の中で果てたはずです。

そして私が半分気を失いかけていたころ、ようやく二人は満足してくれたようでした。

が、彼らが離れてしまったあとでも、私はベッドにグッタリと横になったまま、起き上がることさえできません。あまりのハードさにクタクタになって、ただハァハァと荒く息をつきながら天井を見つめていました。

「じゃ、オバサン、オレたちこれで帰るから。また会ったらよろしく」

最後にそう言い残して、彼らは出ていってしまいました。私はノロノロと身を起こして服を着ようと思いましたが、下着だけ見当たりません。どうやらあの子たち、記念なのかイタズラ心なのか、私のシミのついた汚れ下着を持っていってしまったようです。

おかげで帰りの電車はノーパンのまま。たまにアソコの中から彼らの放出した液体がドロッと溢れてきて、顔を赤らめつつ太股を引き締めていなければいけませんでした。

でもこんな強烈な経験ができるから、痴女をやめられないんです。ここまできたら、行くとこまで行くしかないと開き直るしかありません。私は底なしに淫乱な、セックス好きの痴女なんですから。

そして私はいまでも、混雑した電車の中で、手ごろな男性を狙って目を光らせています。

もしこれを読んでいるあなたが、いきなり電車の中で股間をまさぐられたなら……そのときはおとなしく身をまかせてくださいね。きっと思いもかけない経験をあなたもできるかもしれませんよ。

◎本書は、
『素人投稿12 異常愛を貪る女たち』

『素人投稿13 ナンパで犯られた女たち』

『素人投稿14 痴漢電車で濡れる女たち』

『素人投稿15 不倫で悶える女たち』

（以上マドンナメイト文庫）に収録されたものから人気の高かった投稿を集め、再編集したものです。

＊いずれも、本文庫収録にあたり、表現その他に修正を施しました。

二見文庫

隣《となり》の若妻《わかづま》たち

編者　素人投稿編集部《しろうととうこうへんしゅうぶ》

発行所　株式会社 二見書房
東京都千代田区三崎町2-18-11
電話 03(3515)2311 [営業]
03(3515)2313 [編集]
振替 00170-4-2639

印刷　株式会社 堀内印刷所
製本　株式会社 村上製本所

落丁・乱丁本はお取り替えいたします。
定価は、カバーに表示してあります。
Printed in Japan.
ISBN978-4-576-13160-3
http://www.futami.co.jp/

二見文庫の既刊本

奥様たちの過激な体験告白

素人投稿編集部

持て余した性欲のはけ口を若いコーチに求める「ママさんバレー」のメンバーたち、夫には内緒の「願望」を抑えきれず義弟に頼んで、剃毛・ハメ撮りをする若妻、夫の単身赴任中によその男とのアナルセックスに溺れる主婦、女体に興味を持ち始めた息子の「包皮」を剥きながら一線を越えてしまった母親……とどまることを知らない若妻たちの暴走セックス体験集！